CASE STUDIES

PRIVATE EQUITY
HRSG. WIESBADENER PRIVATE EQUITY INSTITUT

Wiesbadener Private Equity Institut (Herausgeber)

1. Auflage 2006
© cometis AG, Unter den Eichen 7, 65195 Wiesbaden.
Alle Rechte vorbehalten.
Cover: cometis AG

ISBN 3-938694-90-4

Dieses Buch gehört:

Firma

Vorname
Name

Straße

PLZ
Ort

Land

Telefon
Mobil

Fax

E-Mail

VORWORT

Der vorliegende Sammelband hat das Ziel, dem am Thema Private Equity interessierten Leserkreis einen breiten Fundus an praktischem Wissen in Form einer Fallstudiensammlung zugänglich zu machen. Gleichzeitig bietet das Buch in der Praxis eine Orientierungshilfe für Entscheidungen und findet Einsatz in der akademischen Lehre und Weiterbildung.

Alle Fallstudien greifen generische Fragestellungen der Private Equity-Branche auf, beziehen sich auf reale Fälle und dokumentieren umfassend Problemstellungen und deren Lösung in der Praxis. Aus Diskretionsgründen mussten einige Fälle anonymisiert werden, um der Vertraulichkeit der Informationen Rechnung zu tragen. Dies mindert jedoch die Aussagekraft der Fälle in keiner Weise.

Die Fallstudien sind alphabetisch nach den Firmen gegliedert, für die die Autoren den Fall geschrieben haben. Jede Fallstudie gliedert sich wieder, von wenigen begründeten Ausnahmen abgesehen, nach folgender Struktur:

Einleitend werden Hintergründe zum Unternehmen, den Unternehmenszielen, der Marktentwicklung und der volkswirtschaftlichen Gesamtsituation gegeben. Dann wird dargestellt, was im Hinblick auf das geschilderte Problem vorgefallen ist. Zu dessen Lösung werden Alternativen aufgezeigt und bewertet. Abschließend werden die in der Praxis getroffene Entscheidung und deren Folgen ausgeführt. Zu jedem Fallbeispiel finden sich zum Abschluss einige Verständnis- und Transferfragen.

An dieser Stelle danken wir ganz herzlich allen Autoren, die bei der Erstellung einer Fallstudie mitgewirkt haben, und wünschen den Lesern eine bereichernde Lektüre.

Für Fragen und Kontaktaufnahme zu den Autoren: **info@wipei.org**

Prof. Dr. Stefan Jugel
Gründungsgesellschafter des Wiesbadener Private Equity Instituts

GELEITWORT

Fallstudien haben sich als unverzichtbarer Bestandteil in der akademischen Lehre und Weiterbildung etabliert. Im Bereich Private Equity kommt ihnen besondere Bedeutung zu, denn dieses Gebiet steht erst am Anfang seiner akademischen Aufarbeitung. Ohne Informationen aus der Praxis und den Bezug zu Beispielen kann die Durchdringung dieses Themengebiets aber nie vollständig gelingen.

Dem vorliegenden Sammelband kommt der große Verdienst zu, erstmalig einzelne Fälle aus der Private Equity-Branche des deutschsprachigen Raums zusammen zu führen und einem breiteren Leserkreis zugänglich zu machen. Bemerkenswert ist, dass die gesamte Bandbreite des Themengebiets aus den unterschiedlichen Perspektiven von institutionellen Anlegern, Fonds, Unternehmen sowie Dienstleistungsunternehmen und ausnahmslos von sehr renommierten Häusern der Branche wiedergegeben wird.

Ich bin mir sicher, dass das Buch im Markt dank seiner Alleinstellung und der hohen Qualität der Beiträge sehr gut aufgenommen wird und wünsche dem herausgebenden Wiesbadener Private Equity Institut viel Erfolg bei diesem Vorhaben.

Dr. Fritz Becker
Geschäftsführer der Harald Quandt Holding

INHALTSVERZEICHNIS

INHALTSVERZEICHNIS

DR. PETER LAIB

Dr. Peter Laib ist Managing Director bei Adveq in Zürich. Adveq ist einer der führenden Anbieter von Private Equity-Dachfonds in Europa. Von 1995 bis 1999 war er bei A.T. Kearney Management Consultants, Düsseldorf, beschäftigt. Zuvor war Peter Laib in der strategischen Vertriebsplanung der Robert Bosch GmbH in Stuttgart mit dem Aufbau von neuen Geschäftsfeldern im Dienstleistungsbereich betraut.

Peter Laib verfügt über einen Abschluss in Betriebswirtschaft (Dipl.-Kfm.) und Volkswirtschaft (M.A.). Er promovierte im Bereich Strategische Unternehmensführung an der LMU München.

BRITTA LINDHORST

Britta Lindhorst ist seit 2000 verantwortlich für den Bereich Private Equity in der AMB Generali Gruppe und seit 2003 Geschäftsführerin der AMB Generali Private Equity GmbH. Die Gesellschaft ist verantwortlich für die Private Equity-Investments im europäischen Generali Konzern. Von 1998 bis 2000 war sie in der AMB Generali im Bereich Portfoliomanagement für europäische Aktien tätig. Ihre berufliche Laufbahn begann sie 1988 im Bankhaus Sal. Oppenheim. Sie war dort insgesamt zehn Jahre im Bereich fundamentale Aktienanalyse tätig, 1995 bis 1997 als Leiterin der Unternehmensanalyse und stellvertretende Geschäftsführerin. Sie studierte Betriebswirtschaftslehre an der Universität zu Köln mit Abschluss zum Diplom-Kaufmann.

STEFAN LEMPER

Stefan Lemper ist als Partner bei der AURELIA PRIVATE EQUITY zuständig für den Bereich Software und Informationstechnologie. Bevor er zu AURELIA ging, arbeitete er mehrere Jahre im gleichen Umfeld bei der TFG Venture Capital Gruppe. Als Mitgründer eines Software Start-ups war er zuvor selbst unternehmerisch tätig und verantwortete die Bereiche Finanzen und Business Development. Seine berufliche Laufbahn begann Herr Lemper nach dem Studium der Betriebswirtschaftslehre in Münster als Unternehmensberater bei PriceWaterhouseCoopers.

Frank Motte ist Mitglied der Geschäftsleitung und Partner der capiton AG. Nach seinem Studium zum lic. oec. HSG arbeitete Frank Motte bei der Manufacturers Hanover Trust Co. in Frankfurt, New York und München. Anschließend war er sieben Jahre bei der Firma Blättchen & Partner AG, zuletzt als Vorstand und Partner tätig. Nach einer Beschäftigung als Vorstand Finanzen bei der INNOCEPT Medizintechnik AG gründete Frank Motte die Motte Consult AG. Zu seinen umgesetzten Transaktionen zählen u.a. die Börsengänge von MobilCom, Aixtron, Rolf Benz, Fluxx und MBO's wie Loewe, Koki und SHW CT.

KONSTANTIN VON FALKENHAUSEN

Konstantin von Falkenhausen studierte Volkswirtschaft an den Universitäten Göttingen und Fribourg/Schweiz und hat den MBA der University of Chicago. Nach dem Studium begann er bei einem mittelständischen Unternehmen der Elektronikindustrie. Von 1994 bis 1999 arbeitete er für die amerikanische Investment Bank Robertson Stephens in San Francisco und London. Danach war er für eine englische Private Equity-Gesellschaft in London und Düsseldorf tätig. Seit 2004 ist er Partner der capiton AG.

DR. JOACHIM DIETRICH

Dr. Joachim Dietrich studierte in Mainz Jura. Sein Referendariat absolvierte er in Rheinland-Pfalz. Seit Beginn des Jahres 1999 ist er Rechtsanwalt bei CMS Hasche Sigle, seit Beginn des Jahres 2004 Partner. Seine Schwerpunkte liegen im Bereich M&A, insbesondere Private Equity bzw. Venture Capital.

In diesem Rahmen betreute er eine Vielzahl von Unternehmenskäufen bzw. -verkäufen sowie eine Vielzahl von Private Equity-Investments vom Large Buyout bis zur Venture Capital-Transaktion.

SASCHA RANGOONWALA

Geboren 12.7.1964 in Muenster/W. | Verheiratet, 2 Kinder | Diplom Informatiker, TU Darmstadt | 10 Jahre Unternehmensberater bei Accenture und McKinsey, Schwerpunkt IT Strategie, IT Management, Projektmanagement und Softwareentwicklung | 5 Jahre Private Equity Erfahrung bei 3i und C² (Partner seit 2003), Schwerpunkt IT Investments

DR. FRIEDRICH E. F. HEY

Seit 2001 Partner der internationalen Anwaltskanzlei Debevoise & Plimpton LLP. Zuständig für Private Equity, M&A und Fondsstrukturierung aus aufsichts- und steuerrechtlicher Sicht. Von 1994 bis 2000 tätig bei Oppenhoff & Räder, zuletzt in deren New Yorker Büro. Tätigkeit in der Hamburger Steuerverwaltung 1978 bis 1982. Ausbildung an der University of California (Berkeley) (LL.M. 1989), Universität Hamburg (Dr. jur. 1992, Dissertation zum internationalen Steuerrecht). Rechtsanwalt, Steuerberater, Attorney-at-Law (New York). Ehrenamtliches Mitglied in diversen internationalen Berufsorganisationen und zahlreiche Vorträge und Veröffentlichungen.

DR. BERND KREUTER

Dr. Bernd Kreuter, CFA, ist als Head of Private Equity bei Feri für das Management von Private Equity-Dachfonds zuständig. Dabei investiert er die Gelder von privaten und institutionellen Investoren. Vorher war er bei einer Corporate Finance Boutique, bei der SAP AG im Bereich Banking sowie als wissenschaftlicher Mitarbeiter am Institut für Informatik der Humboldt Universität tätig. Bernd Kreuter ist Diplommathematiker (Bonn, Paris) und hat Zusatzstudiengänge in Wirtschaftswissenschaften und Rechtswissenschaften abgeschlossen.

UWE FLEISCHHAUER

Uwe Fleischhauer (geb. 1964) ist Managing Partner bei Fleischhauer, Hoyer & Partner, Private Equity Consultants (kurz FHP Private Equity Consultants).

FHP (www.fhpe.de) hat sich im Markt als unabhängiger Private Equity Advisor und »All Service-Provider« für das breite Spektrum an Kapitalgebern und kapitalsuchenden Unternehmen positioniert und etabliert. Parallel führt FHP auf regelmäßiger Basis viel beachtete Marktstudien und empirische Analysen durch.

Uwe Fleischhauer war vor seiner Selbstständigkeit insgesamt sieben Jahre als Berater/Projektleiter in renommierten, internationalen Unternehmensberatungen tätig. Er ist Diplom-Betriebswirt (FH) und besitzt nach Studienaufenthalten in England und Spanien ein (internationales) Postgraduierten-Diplom in »European Enterprise Management«.

TAMMO ANDERSCH

Tammo Andersch ist Partner von KPMG und leitet den Bereich Corporate Restructuring in Deutschland. Er ist Head of KPMG Corporate Recovery in Europa. Er berät Unternehmen sowie deren Kapitalgeber in der finanziellen, operativen und strategischen Restrukturierung bis zur Umsetzung der Maßnahmen. Tammo Andersch hat zahlreiche komplexe nationale und internationale Projekte durchgeführt sowie die Verhandlungen mit Bankenpools und anderen Gläubigern erfolgreich geleitet.

AXEL WERNICKE

Axel Wernicke ist Director im Bereich Corporate Restructuring von KPMG. Er besitzt langjährige Erfahrung in der Erstellung und Umsetzung von Restrukturierungskonzepten sowie in der Durchführung von Unternehmensanalysen und -planungen in diversen Branchen. Davor arbeitete Axel Wernicke drei Jahre als Projektmanager bei einer renommierten deutschen Unternehmensberatung sowie in leitender Position im Finanz- und Rechnungswesen in einem mittelständischen Konzern.

VERZEICHNIS DER AUTOREN

15

KAI SCHÄNZER

Kai Schänzer ist Direktor bei mmc ag. Er begleitet seine Kunden bei der Durchführung kommerzieller Due Diligences, bei strategischen Veränderungsprozessen und bei der operativen Umsetzung von Wachstums- und Effizienzsteigerungsprogrammen. Zuvor war Herr Schänzer in führenden internationalen Unternehmensberatungen und in Investmentbanken tätig, zuletzt als Direktor bei Dresdner Kleinwort Wasserstein.

MICHAEL MOLLENHAUER

Michael Mollenhauer ist Gründer und Vorstand der mmc ag sowie Mitbegründer der internationalen Stratorg Alliance Group. Er begleitet heute seine Mandanten bei der Führung ihrer Geschäfte und bei Transaktionen in unterschiedlichen Rollen: zum Beispiel als fachlicher Moderator bei strategischen Aufgaben, als umsetzungsorientierter Projektverantwortlicher oder als operativer Beirat.
Bis 2001 war Michael Mollenhauer in leitenden Positionen bei zwei führenden internationalen Consultingunternehmen sowie bei Nestlé Deutschland tätig.

DR. RAINER STROHMENGER

Dr. Rainer Strohmenger (39) ist General Partner bei Wellington Partners in München und betreut dort den Bereich Life Science. Während seiner mehr als achtjährigen Tätigkeit im Venture Capital-Bereich war er in die Finanzierung von 18 Start-ups verantwortlich involviert, wovon sieben Unternehmen bis heute erfolgreich verkauft wurden. Zuvor war Dr. Strohmenger nach Abschluss seines Studiums der Volkswirtschaftslehre (1994 bis 1997) am Lehrstuhl für Versicherungswirtschaft der LMU München im Bereich Gesundheitsökonomie wissenschaftlich tätig. 1996 schloss er seine Promotion im Fach Humanmedizin am Physiologischen Institut der LMU München ab. Sein Medizinstudium absolvierte er von 1988 bis 1994 ebenfalls an der LMU München. Dr. Rainer Strohmenger ist verheiratet und hat drei Kinder.

DR. PETER LAIB | MANAGING DIRECTOR | ADVEQ MANAGEMENT AG

AUFBAU EINES PRIVATE EQUITY-PORTFOLIOS BEI EINER DEUTSCHEN VERSICHERUNGSGESELLSCHAFT

In der folgenden Fallstudie wird der erfolgreiche Aufbau eines Private Equity-Portfolios bei einer deutschen Versicherungsgesellschaft beschrieben und drei strategische Optionen – Direktinvestitionen in Unternehmen, Beteiligung über Fonds oder Dachfonds – für Beteiligungen in Private Equity diskutiert.

1) HINTERGRUND

In Zeiten der Ungewissheit an den traditionellen Finanzmärkten, wenn die Zinsen so tief sind, dass sie kaum weiter sinken können, und wenn die Aktienmärkte nie gesehene Fluktuationen zeigen, erscheinen andere, weniger traditionelle Anlageformen in einem attraktiven Licht und landen auf der Tagesordnung von Vorstandssitzungen in Versicherungen und Pensionskassen. Drei Faktoren sind hierfür ausschlaggebend:

1. Diese Institute müssen eine gesetzlich vorgeschriebene absolute Mindestverzinsung ihrer Anlagen erreichen.

2. Darüber hinaus sind relativ hohe Renditen aus den Kapitalanlagen für die langfristige Wettbewerbsfähigkeit von Versicherungsunternehmen unverzichtbar.

3. Anlageformen mit geringen Wertschwankungen erhöhen die Prognostizierbarkeit von der Gewinn- und Verlustrechnung sowie der Bilanz.

Tatsächlich haben viele Investoren mit Investitionen in Private Equity in der Vergangenheit sehr attraktive Renditen erzielen können. Mit zwischen 1990 und 2000 in den USA getätigten Anlagen beispielsweise konnten im Durchschnitt Renditen von rund 17,7% und mit Anlagen in Europa von rund 15,9% erzielt werden. Die besten 25% aller Fondsmanager konnten über diese 10 Jahre im Durchschnitt sogar Renditen von 23,7% bzw. 15,4% erwirtschaften (*Abbildung 1*).

Abb 1: Renditen Private Equity Europa / USA (nach Vintage-Jahren)

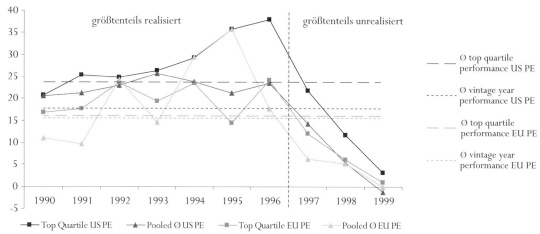

Notizen:

2) AUSGANGSSITUATION

Eine Versicherungsgesellschaft mit gesamten Kapitalanlagen von circa fünf Milliarden Euro hat ermittelt, dass sie für eine langfristig erfolgreiche strategische Positionierung im Wettbewerb eine Verzinsung dieser Anlagen von 6% p.a. benötigt. Das aktuelle Portfolio besteht fast ausschließlich aus festverzinslichen Papieren und einem moderaten Anteil Aktien. Aufgrund der historisch attraktiven Renditen von Private Equity wurde beschlossen, ein entsprechendes Portfolio aufzubauen. Insgesamt soll mittelfristig eine Private Equity-Allokation von circa 3% der Gesamtkapitalanlagen aufgebaut werden. Die erwartete Rendite der Private Equity-Investitionen beträgt 10% bis 12% IRR (»Internal Rate of Return«), mit einer Überrendite zu Public Equity-Investitionen von ungefähr 400 bis 500 Basispunkten. Die Zielallokation von rund 150 Millionen Euro soll innerhalb von acht Jahren erreicht werden.

Segmentierung des Private Equity-Marktes

Wer in Private Equity investieren will, stellt schnell fest, dass unter diesem Begriff eine Vielzahl grundverschiedener Anlagemöglichkeiten zusammengefasst wird. Das Spektrum reicht von der Finanzierung junger, hauptsächlich im Technologiebereich tätiger Unternehmen (sogenannten »Venture Capital«) über die Expansionsfinanzierung wachsender, profitabler Firmen (»Development Capital«) bis zu privaten Übernahmen reifer Unternehmen (»Buyout«). Zusätzlich kann nach geographischen Kriterien unterschieden werden. So teilt die bei institutionellen Investoren geläufige Klassifizierung das gesamte Private Equity-Spektrum vereinfachend in vier Segmente ein: »Buyout USA«, »Buyout Europa«, »Venture USA« und »Venture Europa«. Diese Segmente machen das historische Private Equity-Universum aus. In jedem dieser Segmente sind mehrere hundert Fondsmanager aktiv (siehe *Tabelle 1* für Eckdaten).

Tab. 1: Private Equity-Universum

	Anzahl aktive Fonds-manager	Investiertes Kapital 2004	Anzahl Transak-tionen 2004
Buyout USA	600	USD 25 Mrd.	900
Buyout Europa	400	20 Mrd. Euro	500
Venture USA	600	USD 20 Mrd.	600 neue Firmen 2000 Finanzierungen
Venture Europa	150	3,5 Mrd. Euro	300 neue Firmen 1000 Finanzierungen

Quellen: Thomson Venture Economics, VentureOne, EVCA, Initiative Europe, Adveq, 2005

Notizen:

_____

_____

_____

_____

_____

Qualität als Schlüssel zum Erfolg

Die Praxis zeigt, dass sich die gewünschte ertragssteigernde Wirkung durch die Beimischung von Private Equity in das Portfolio tatsächlich erzielen lässt. Allerdings gilt dies nur, wenn die Qualität der Private Equity-Anlagen stimmt.

Private Equity hat also seine Tücken: Nur die besten Manager von Private Equity-Anlagevehikeln sind systematisch erfolgreich. Das bedingt, dass der Investor den Markt kennt und Zugang zu den Managern in diesem Top-Segment erhält. Ein Investor, der nicht in der Lage ist, seine Allokation bei den besten Manager zu platzieren, vergibt nicht nur eine Opportunität; er nimmt eine Verschlechterung der Erträge in seinem Gesamtportfolio in Kauf, und das Portfolio wird durch die Illiquidität der Private Equity-Anlage und deren Kosten zusätzlich belastet.

Abb. 2: *Portfolioqualität mit und ohne Private Equity*

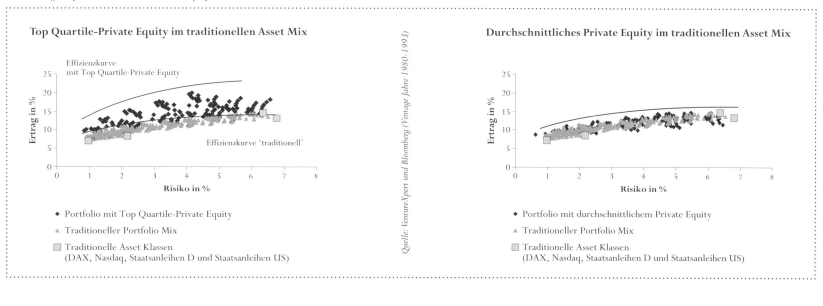

Notizen:

3) FRAGESTELLUNG

Für das Versicherungsunternehmen stellen sich für den Einstieg und den Aufbau eines qualitätsoptimierenden Portfolios damit folgende zentrale Fragen:

1. Welche strategischen Optionen stehen für Beteiligungen prinzipiell zu Verfügung? Wie sind die Optionen zu bewerten?

2. Sollen interne Ressourcen aufgebaut oder soll eher auf externe Partner zurückgegriffen werden?

3. Welche Option ist unter der spezifischen Ausgangssituation für den Einstieg, welche für den Programmausbau zu bevorzugen?

4) MÖGLICHE LÖSUNGSANSÄTZE

a) Direkte vs. indirekte Beteiligung

Private Equity-Beteiligungen können über verschiedenen Ebenen erfolgen. Die nachfolgende *Abbildung 3* zeigt die prinzipiell möglichen Wege.

Option 1: *Direktinvestitionen in Unternehmen*

Möglich sind Investitionen via direkte Beteiligungen an Einzelunternehmen. Erforderlich ist hierfür umfangreiches Know-how für die Gründung bzw. Identifikation von Zielunternehmen. Zusätzlich müssen erhebliche Ressourcen zur laufenden Betreuung dieser Unternehmen zur Verfügung gestellt werden. Studien belegen, dass institutionelle Anleger heute kaum noch den Direkteinstieg in Priva-

te Equity wählen. Ausnahmen sind einige wenige, sehr große Institutionen, die gleichsam »Inhouse« Private Equity-Manager aufbauen und auf diesem Weg versuchen, die Qualität ihrer Investitionen sicherzustellen. Für einen institutionellen Investor mit einer Zielallokation von 150 Millionen Euro schließt sich diese Option aufgrund des sehr hohen Risikos und der sehr hohen Kosten nahezu aus.

Abb. 3: Beteiligungsoptionen

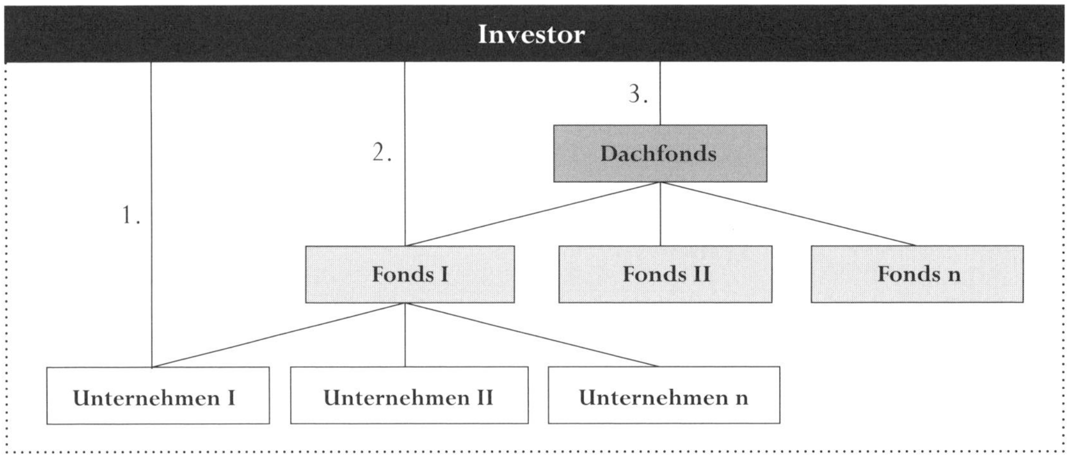

Notizen:

Option 2: *Beteiligung über Fonds*

Als weitere Möglichkeit bietet sich die indirekte Investition in Einzelunternehmen über Beteiligungen an Venture Capital- bzw. Buyout-Fonds. Typischerweise stellen diese sogenannten Fondsmanager Portfolios von 10 bis 30 Einzelunternehmen zusammen. Im Jahr 2004 waren weltweit knapp 2000 solcher Private Equity-Fondsmanager aktiv. Wie dargelegt, tragen erfahrungsgemäß nur weniger als ein Viertel dieser Manager mit ihrer zu erwartenden Performance zur Qualitätssteigerung eines Portfolios bei. Deshalb ist es unabdingbar, dass der Versicherer nicht nur über eine umfangreiche Kenntnis des gesamten Private Equity-Universums verfügt, sondern auch über die Fähigkeit, systematisch die potenziell besten Manager zu identifizieren. Die meisten Manager, die über einen sehr guten, ausgewiesenen Track Record verfügen, sind aber für neue Investoren zugangsbeschränkt oder nehmen von diesen in nur geringem Umfang Mittel an. Zugang und Platzierungskraft stellen somit eine weitere Herausforderung dar.

Option 3: *Beteiligung über Dachfonds*

Als dritte Option bietet sich schließlich die Beteiligung an Dachfondsprogrammen. Dachfonds beteiligen sich in der Regel an 15 bis 25 Fondsmanagern und stellen so Gesamtportfolios von 200 bis über 600 Einzelunternehmen zusammen. Weltweit waren im Jahr 2004 circa 150 solcher Manager aktiv, davon etwas mehr als die Hälfte in Europa. Erfahrene Dachfondsmanager mit gutem Track Record, systematischen Investitionsprozessen, breitem Beziehungsnetz und Zugang zu den besten Fondsmanagern sind vergleichsweise einfacher zu identifizieren. Ein Aufbau eigener umfangreicher Ressourcen ist dabei nicht erforderlich. Zu Buche schlagen allerdings die Gebühren einer zusätzlichen Beteiligungsebene.

Neben den oben dargestellten Überlegungen stellt sich für den Portfolioaufbau noch eine weitere Herausforderung. In den drei aufgezeigten Beteiligungsalternativen wird das verpflichtete Kapital mit unterschiedlicher Geschwindigkeit abgerufen. Für direkte Investitionen in Einzelunternehmen wird typischerweise das gesamte oder ein Großteil des Kapitals sofort benötigt (Ausnahme: Venture Capital – hier wird ein Teil des Kapitals für Folgefinanzierungen reserviert). Venture Capital- und Buyout-Manager verpflichten hingegen ihr Kapital an die angepeilten 10 bis 30 Portfoliounternehmen in der Regel über eine Zeitspanne von zwei bis vier Jahren. Dachfondsmanager ihrerseits sagen ihr Kapital an Venture Capital- und Buyout-Manager über etwa drei Jahre zu, was – zusammen mit der Abrufzeit der Fondsmanager – zu einem Gesamtabrufzyklus des Kapitals von ungefähr fünf bis sieben Jahren führt. Die drei unterschiedlichen Beteiligungsoptionen unterscheiden sich somit nicht nur bezüglich der Streuung über die Anzahl der Zielunternehmen, sondern weisen auch eine unterschiedliche zeitliche Diversifikation auf. Zusammenfassend lassen sie sich wie folgt bewerten *(Tabelle 2)*.

Notizen:

_____

_____

_____

_____

_____

_____

Tab. 2: Bewertung Beteiligungs-Optionen

	Option 1: Direktin-vestitionen in Unter-nehmen	Option 2: Beteiligung über Fonds	Option 3: Beteiligung über Dach-fonds
Interner Ressourcen-Bedarf	-	o	+
Gebühren für externe Manager	+	o	-
Streuung über Zielunter-nehmen	-	o	+
Zeitliche Diversifi-kation	-	o	+

b) Eigenaufbau von Ressourcen vs. externe Unterstützung

Der Einstieg in Private Equity und der Aufbau von Programmen erfordert nicht nur Know-how, sondern auch Zugang zu den besten Managern. Unabhängig davon, ob sich ein Investor direkt durch Unternehmensbeteiligungen oder indirekt über Fonds oder Dachfonds in Private Equity engagieren will, stellt sich prinzipiell die Frage nach dem Aufbau eigener Ressourcen bzw. der Hinzunahme externer Hilfe. Letzteres kann entweder über die Vergabe spezifischer Beratermandate oder eine enge Zusammenarbeit mit einem oder mehreren ausgewählten Dachfondsmanagern geschehen.

Option 1: *Aufbau eigener Ressourcen*

Einige sehr große institutionelle Investoren haben über die Jahre Teams mit teils mehr als 100 Mitarbeitern für Engagements im Bereich Private Equity aufgebaut. Der Aufbau eigener Qualitäts-Teams für Direktinvestitionen in Unternehmen oder Beteiligungen an Fonds erfordert in der Regel mehrere Jahre. Prinzipiell ist der Zugang zu Spitzenfonds mit einer eigenen Mannschaft möglich. Er erfordert jedoch einen erheblichen Zeitbedarf zum Aufbau von Beziehungsnetzwerken. Ferner sind Zuteilungen bei allo-kationsbeschränkten Managern in den ersten Jahren eher klein. Über Investitionen in erfolgversprechende neue Gruppen (sogenannte First-Time-Fonds) kann eine ausreichende Platzierungskapazität zwar aufgebaut werden, doch geht der Investor bei solchen jungen Fondsmanagern ohne ausgewiesenen Track Record auch große Risiken ein. Der Vorteil bei der direkten Kontrolle von Beteiligungen besteht darin, dass Interessenkonflikte mit externen Partnern vermieden werden und keine strategischen Abhängigkeiten bestehen. Die Beurteilung der Gesamtkosten hängt von der spezifischen Programmgröße und der Ebene der Beteiligung ab. Da bei einer Anlagesumme von 150 Millionen Euro wie oben dargestellt eine Direktbeteiligung an Unternehmen nahezu ausgeschlossen ist, stellt sich der Kostenvergleich zu spezifischen Beratermandaten oder der Beteiligung an Dachfondsprogrammen. Für beide Optionen betragen die externen Kosten rund 1 bis 1,5 Millionen Euro pro Jahr (in der Regel etwa 1% der zu verpflichtenden Gesamtsumme).

Notizen:

Option 2:

Vergabe eines spezifischen Beratermandates

Beratermandate werden nach bestimmten strategischen Zielgrößen und Rahmenbedingungen (z.B. regionale Allokation, Aufteilung nach Segmenten wie Venture Capital und Buyout) definiert (sogenannte »Segregated Accounts«). Diese Form der Beteiligung wird am ehesten für Fonds verwendet. Mandate für Dachfondsbeteiligungen sind aufgrund der doppelten Gebührenbelastung in der Praxis kaum zu finden. Der Vorteil von spezifischen Beratermandaten gegenüber dem Aufbau eigener Ressourcen liegt klar in einem geringen Zeitbedarf. Know-how wird extern eingekauft und muss nicht über mehrere Jahre inhouse aufgebaut werden. Wenn Beteiligungsvorschläge allerdings noch vom Investor (d.h. beispielsweise der Versicherung) gutgeheißen/bewilligt werden müssen (was in der Praxis häufig der Fall ist), lässt sich ein Aufbau gewisser eigener Ressourcen nicht völlig vermeiden. Das Hauptproblem von Beratermandaten gegenüber Beteiligungen an Dach-

fondsprogrammen liegt aber im beschränkten Zugang zu Spitzenfonds. Die besten Fondsmanager pflegen langjährige direkte Beziehungen zu wenigen ausgewählten Investoren und lassen sich in der Regel kaum über Berater zu Investoren »vermitteln«. Ein wichtiger Nachteil ergibt sich auch aus den potenziellen Interessenskonflikten des Beraters, die bei der Allokation von Spitzenfonds entstehen können. Da Berater meist mehrere Kundenmandate betreuen, sind solche Konflikte praktisch vorprogrammiert. Da die persönlichen Kontakte zu den Fondsmanagern vorwiegend von den Beratern und nicht dem eigentlichen Investor (Kapitalgeber) gepflegt werden, begeben sich die Institutionen in eine starke strategische Abhängigkeit.

Option 3:

Beteiligungen über Zusammenarbeit mit Dachfonds

Neben dem Aufbau eigener Ressourcen und der Vergabe von externen Beratermandaten können sich institutionelle Investoren auch an den Programmen von Dachfondsmanagern beteiligen. Der Aufbau der angestreb-

ten Allokation kann über eine Zusammenarbeit mit zwei bis vier Anbietern relativ zügig erfolgen. Der Hauptvorteil von etablierten Dachfondsmanagern liegt darin, dass über ihr breites Beziehungsnetzwerk der Zugang zu den besten Venture Capital bzw. Buyout-Fonds möglich ist. Dass die Interessen von Dachfondsmanager und Kapitalgeber parallel laufen, kann über eine stark performanceabhängige Vergütung sichergestellt werden – was gleichzeitig für den Investor den Vorteil moderater, kalkulierbarer Gebühren hat.

In der folgenden Übersichts-Tabelle (*Tabelle 3*) sind die verschiedenen Umsetzungs-Optionen zusammengefasst dargestellt.

Notizen:

_____

_____

_____

_____

_____

_____

Tab. 3: Bewertung Umsetzungs-Optionen

	Option 1: Aufbau eigener Ressourcen	**Option 2:** Spezifisches Beratermandat	**Option 3:** Zusammenarbeit mit Dachfonds
Bedarf an internen Ressourcen	–	o	o
Zeitbedarf	–	o	+
Zugang zu besten Managern	o	–	+
Interessengleichheit/ Governance	+	–	o
Strategische Abhängigkeit	+	o/–	o
Gesamtkosten für Programm	o	o	o

5) UMSETZUNG UND ERGEBNIS

Das Versicherungsunternehmen plant über einen Zeitraum von acht Jahren 3 % der Gesamtkapitalanlagen von rund fünf Milliarden Euro, d.h. 150 Millionen Euro, in Private Equity zu investieren. Im vorliegenden Fall wurde folgende Strategie bestimmt:

Phase 1:

Projekt zur Analyse von Dachfonds-Partnern mit ausgewiesenem Track Record, breiten Beziehungsnetzwerken und Definition einer diversifizierten Strategie über verschiedene Segmente und Regionen.

Phase 2:

Programmstart durch Beteiligung an breit diversifizierten Programmen von zwei Dachfonds-Partnern und Bestimmung eines Mitarbeiters (100 % Stelle), der intensiven Kontakt zu den Partnern pflegt und einen Know-how-Transfer sicherstellt.

Phase 3:

Planung, in einer zweiten Phase (nach circa zwei Jahren) einen dritten Dachfonds-Partner hinzuzufügen und weitere, selektive Direkt-Beteiligungen an Venture Capital-/Buyout-Fonds zu prüfen.

In der folgenden Abbildung ist der simulierte Programmaufbau mit geplanten Verpflichtungen (Kapitalzusagen) und investiertem Kapital überblickartig dargestellt.

Notizen:

Abb.4: *Simulation Allokationen zum Portfolioaufbau (illustrativ)*

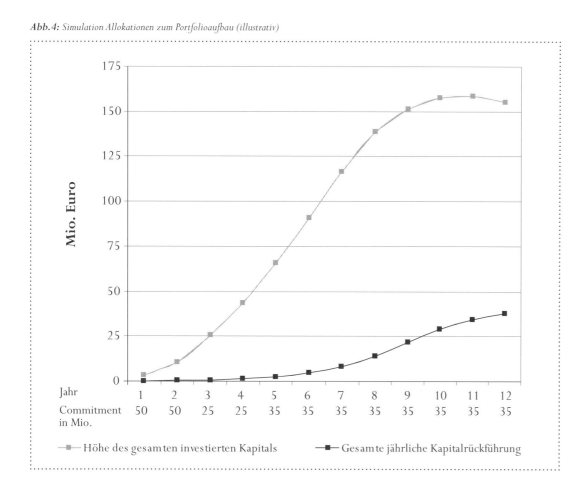

Jahr	1	2	3	4	5	6	7	8	9	10	11	12
Commitment in Mio.	50	50	25	25	35	35	35	35	35	35	35	35

■— Höhe des gesamten investierten Kapitals   ■— Gesamte jährliche Kapitalrückführung

Folgende Gründe waren für die gewählte Strategie ausschlaggebend:

- Sicherstellung von Zugang zu den besten Fondsmanagern in den jeweiligen Segmenten

- Vermeidung von Einstiegsfehlern über die Zusammenarbeit mit erfahrenen Partnern

- Breite Programmdiversifikation

- Vermeidung der Notwendigkeit zum Aufbau eines eigenen Teams – lediglich ein spezialisierter Mitarbeiter nötig

- Vermeidung strategischer Abhängigkeit von einem Berater

- Vergleichsmöglichkeit durch Zusammenarbeit mit zwei Dachfonds-Partnern

- Sicherstellung des Know-how-Transfers als Basis für weiteren Programmausbau

- Zügiger Programmaufbau

In der Umsetzung des Programms mussten folgende Hauptschwierigkeiten gemeistert werden:

Notizen:

_____   _____   _____

_____   _____   _____

_____   _____   _____

_____   _____   _____

_____   _____   _____

Auswahl geeigneter Dachfonds-Partner

Das Versicherungsunternehmen wurde bei der Auswahl geeigneter Dachfondspartner mit einer Vielzahl von Beteiligungsangeboten konfrontiert. Unterschätzt wurde, dass auch die Auswahl geeigneter Dachfonds-Partner eine sorgfältige Analyse einer möglichst hohen Anzahl der etablierten Anbieter erfordert. Der Aufbau von Kompetenz zur fachgerechten Beurteilung der Qualität der verschiedenen Track Rekords, Investitionsstrategien und Beteiligungskonditionen erforderte mehr Zeit als ursprünglich geplant.

Akzeptanz der J-Curve in der Portfoliobewertung

Die Bewertung von Private Equity-Beteiligungen verläuft in den ersten Jahren typischerweise entlang der sogenannten »J-Curve«: Nach Erwerb von Beteiligungen durch die Dachfonds- bzw. Fondsmanager werden die Beteiligungen zunächst zu Anschaffungskosten in den Büchern gehalten. Gleichzeitig fallen auf beiden Ebenen laufende Managementgebühren an, was in den ersten Jahren zu einer Portfolio-Bewertung unterhalb der Anschaffungskosten führt. Ein Bewertungsausgleich bzw. eine Höherbewertungen erfolgt in der Regel erst ab dem dritten Jahr, wenn die ersten Portfoliounternehmen erfolgreich zum Exit aus den Fonds-Portfolios geführt werden. Wenngleich dieser typische Bewertungsverlauf zum Zeitpunkt der Investitionsentscheidung bekannt und zu erwarten war, führte er bei den Entscheidungsträgern des Versicherers im zweiten und dritten Jahr mehrfach zu einer kritischen Hinterfragung des geplanten Programmaufbaus. Dieser konnte nach langwierigen Diskussionen letztlich jedoch erfolgreich umgesetzt werden.

Rückblickend hat sich das Private Equity-Portfolio des Versicherers erfolgreich entwickelt. Der Soll-Ist-Vergleich der ursprünglichen Ziele zeigt eine positive Bilanz. *Tabelle 4* fasst die Ergebnisse zusammen.

Tab. 4: Soll-Ist-Vergleich ursprünglicher Ziele

	Soll	Ist
Portfolio-qualität	• Zugang zu besten Fondsmanagern • Vermeidung von Fehlentscheidungen	• Überwiegend erreicht • Erreicht – kein Ausfall von Einzelinvestitionen
Programm-umsetzung	• 3% investiertes Kapital nach acht Jahren	• Teils erreicht – Kapital-Abrufgeschwindigeit etwas langsamer als ursprünglich geplant
Know-how-Transfer	• Umfangreiches Know-how als Basis für weiteren Programmaufbau	• Teils erreicht – verlangsamt durch Personalwechsel beim Versicherer
Performance	• Positiver Einfluss auf Gesamtportfolio-Qualität	• Teils erreicht – aufgrund 12-Jahres-Laufzeit der Private Equity-Anlage noch teils unrealisierte Bewertungen im Portfolio

Notizen:

_____

_____

_____

_____

_____

_____

6) FAZIT

Das Versicherungsunternehmen hat einen kontrollierten Einstieg in die neue Assetklasse Private Equity vorgenommen, d.h. kontrolliert im Hinblick auf eine Strategie, die darauf ausgerichtet ist, dass nur über Beteiligungen an den besten Managern eine Optimierung der Portfolioqualität (insbesondere Renditeerhöhung) zu erzielen ist, kontrolliert aber auch im Sinne eines bewussten Umgangs mit den spezifischen Risiken von Private Equity. Durch den Einstieg über die Beteiligung an Programmen erfahrener Dachfondsmanager, durch eine breite Diversifikation des Kapitals über eine Vielzahl von Einzelunternehmen hinweg und die zeitliche Streuung der Investitionen über mehrere Jahre wurde das Risiko eines Fehlschlags erheblich reduziert. Private Equity ist kein Feld für Experimente. Nur der sorgfältige, systematische und kontinuierliche Aufbau eines Portfolios führt letztlich zum gewünschten Erfolg.

Insbesondere größere institutionelle Investoren müssen vor dem Einstieg in Private Equity eine zusätzlich Planungsdimension berücksichtigen. Entscheidend ist nicht nur die Rendite-/Risikobetrachtung der Anlageklasse an sich. Vielmehr muss auf absoluter Basis hinterfragt werden, ob die geplante Verpflichtungshöhe (z.B. 3% von Gesamtkapitalanlagen von mehr als 100 Mio. Euro) im Segment der besten Fonds und Dachfonds überhaupt platziert werden können. Wie bereits dargelegt, ist es nicht nur schwierig, Zugang zu den besten Managern zu erhalten. Vielmehr sind auch Beträge, die potenziell investiert werden können, limitiert. Im Venture Capital-Segment sind Einstiegsallokationen für Neuinvestoren (sofern solche überhaupt zum Zuge kommen) von unter fünf Millionen Euro keine Seltenheit. Damit lassen sich aus Investorensicht betragsmäßig keine großen Venture Portfolios aufbauen.

Ein wesentlicher Erfolgsfaktor oder vielleicht sogar der Schlüssel zum Erfolg, der beim Aufbau von Programmen gemeinhin unterschätzt wird, ist das sogenannte »Alignment of Interest«. Dies reicht vom erfolgsabhängigen Bonus der Angestellten des institutionellen Anlegers bis zur performanceorientierten Entlohnung der Fonds- und Dachfondsmanager. Vorteilhaft sind hier niedrige Grundgebühren und eine Gewinnbeteiligung (»Carried Interest«), welche erst nach Erreichen einer hohen Gewinnschwelle (»Hurdle Rate«) fließt. Alle involvierten Institutionen und Personen müssen so incentiviert werden, dass ein gleichgerichtetes Handeln im Interesse aller Beteiligter liegt.

Notizen:

7) FRAGEN UND AUFGABEN

Verständnisfragen

1. Beschreiben Sie die verschiedenen Anlagemöglichkeiten, die unter dem Begriff Private Equity gemeinhin subsumiert werden.

2. Unter welchen Rahmenbedingungen hatte Private Equity in einem institutionellen Portfolio historisch einen positiven Einfluss auf die Portfolio-Qualität? Beschreiben Sie die Gründe hierfür.

3. Nennen und beschreiben Sie die grundsätzlichen Beteiligungs-Optionen (Beteiligungs-Ebenen) institutioneller Anleger für Engagements in Private Equity. Welche Kriterien sind zur Bewertung der Optionen wichtig?

4. Nennen und beschreiben Sie die grundsätzlichen Umsetzungs-Optionen (Eigenaufbau vs. externe Unterstützung) institutioneller Anleger für Enagagements in Private Equity? Welche Kriterien sind zur Bewertung der Optionen wichtig?

5. Woraus resultiert der typische J-Kurven-Effekt in den Bewertungen von Private Equity-Enagagements?

Transferfragen

1. Wie beurteilen Sie langfristig das Rendite-Potenzial für Investitionen in Private Equity? Beschreiben und bewerten Sie die Einflussfaktoren.

2. Nennen Sie die wichtigsten Gründe, weshalb sich institutionelle Investoren heute und auch möglicherweise zukünftig mit dem Thema Private Equity beschäftigen. Woraus lassen sich schwankende Renditeanforderungen der Investoren im Zeitverlauf möglicherweise erklären?

3. Entwerfen Sie ein Phasenmodell (Vorgehensschritte) für einen institutionellen Investor zum Einstieg in Private Equity. Beschreiben Sie bitte die einzelnen Phasen ausführlich.

4. Welche Kriterien würden Sie für die Auswahl von a) Dachfonds-Anbietern und b) Private Equity-Fonds verwenden? Beschreiben Sie die Kriterien ausführlich und gewichten Sie ihre Bedeutung im Auswahlprozess?

5. Welche Schwierigkeiten sind beim Aufbau von Private Equity-Portfolios bei institutionellen Investoren zu erwarten? Welche Voraussetzungen würden Sie schaffen, um solche Schwierigkeiten zu vermeiden?

Notizen:

BRITTA LINDHORST | GESCHÄFTSFÜHRERIN | AMB GENERALI PRIVATE EQUITY GMBH

KOSTENOPTIMIERTER AUFBAU DER ASSETKLASSE PRIVATE EQUITY IM VERSICHERUNGSKONZERN
– PROBLEME UND LÖSUNGSALTERNATIVEN

BRITTA LINDHORST | GESCHÄFTSFÜHRERIN | AMB GENERALI PRIVATE EQUITY GMBH

Die Fallstudie beschäftigt sich mit der Entscheidungsfindung zum Aufbau der Assetklasse Private Equity in einem Versicherungskonzern, dargestellt am Beispiel der AMB Generali Gruppe. Dabei wird ein besonderes Augenmerk auf die im Vergleich zu anderen Assetklassen hohen Kosten gelegt. Das Ergebnis ist eine für die AMB Generali und ihre spezifischen Bedürfnisse und Anforderungen optimale Struktur, die nicht zwangsläufig allgemeingültig auf andere Institutionen zu übertragen ist. Dennoch bietet die Darstellung der unterschiedlichen Lösungsalternativen sicherlich eine nützliche Unterstützung für institutionelle Investoren, die vor einer ähnlichen Entscheidung stehen.

1) EINLEITUNG

Die AMB Generali ist eine Versicherungsgruppe, zu der entsprechend einer Mehr-Marken-Strategie unterschiedliche Versicherungen gehören. In der Mehrheit sind dies Lebensversicherungen. Die börsennotierte AMB Generali Holding AG wiederum ist im Mehrheitsbesitz der Assicurazioni Generali S.p.A., Italien. Die gesamte europäische Generali Gruppe ist mit einem Prämienaufkommen von 56 Mrd. Euro und Finanzanlagen von über 250 Mrd. Euro (Stand: 31.12.2004) die drittgrößte Versicherungsgruppe in Europa. Etwa ein Viertel der Finanzanlagen entfallen auf den deutschen AMB Generali Konzern.

Die Finanzanlagen werden in den verschiedenen Ländern jeweils in separaten Assetmanagement-Einheiten verwaltet. Diese kooperieren wiederum sehr eng in einem europäischen Assetmanagementverbund, innerhalb dessen für verschiedene Aufgaben unterschiedliche Kompetenzcenter identifiziert und auf- beziehungsweise ausgebaut werden.

Diese organisatorische Struktur spielte bei der Entscheidungsfindung eine wichtige Rolle.

Die ernsthafte Auseinandersetzung mit dem Thema Private Equity begann im Jahr 2000 zunächst in der deutschen AMB Generali Gruppe. Es handelte sich um die konsequente Weiterentwicklung eines professionellen Assetmanagement-Ansatzes, der in den Jahren zuvor bereits zu dem Aufbau einer eigenständigen Aktien- und Rentenmanagementgesellschaft und der Gründung einer Kapitalanlagegesellschaft durch die AMB Generali geführt hatte.

Als Zielsetzung wurde Folgendes formuliert: Mit dem Aufbau von Private Equity als eigenständige Assetklasse soll das Versicherungsportfolio, das typisch für die Branche im Wesentlichen aus festverzinslichen Papieren und daneben aus europäischen Aktien besteht, weiter diversifiziert werden. Da Private Equity im Vergleich zu anderen Assetklassen im Durchschnitt niedrigere Volatilitäten und relativ geringe Korrelationen aufweist, trägt dies somit langfristig zu einer Ertrags- und Risikooptimierung der Finanzanlagen bei.

Die strategische Grundsatzdiskussion fand allerdings in einem konjunkturell sehr schwie-

Notizen:

_____

_____

_____

_____

_____

_____

rigen Markt- und Börsenumfeld statt. Die Aktienrenditen sanken dramatisch und bescherten den Versicherungen Kapitalanlageverluste, die nicht durch entsprechende Erträge im festverzinslichen Bereich aufgefangen werden konnten. Auch die Private Equity-Märkte blieben von dieser Entwicklung nicht verschont. Das Platzen der »Technologieblase« an den Aktienmärkten hatte zu teilweise erheblichen Verlusten speziell im Segment des Venture Capital mit entsprechenden negativen Schlagzeilen in der Fachpresse geführt.

2) AUSGANGSSITUATION

Diese kurzfristig sehr ungünstigen Marktentwicklungen zeigten einerseits umso mehr die Notwendigkeit zu einer langfristigen Diversifizierung der Finanzanlagen, andererseits rückten speziell die mit Private Equity-Investitionen und dem Aufbau der Assetklasse verbundenen Kosten in den Mittelpunkt der kritischen Diskussion.

Denn ein wesentliches Charakteristikum von Private Equity sind die im Vergleich zu anderen Assetklassen sehr hohen Kosten. Dies beinhaltet zunächst einmalige Anlaufkosten zum Aufbau der Assetklasse, wie zum Beispiel Kosten für Marktanalysen und Rechts- und Steuerberatung für Strukturierungen. Im laufenden Geschäft fallen höhere Transaktions- und Informationskosten an. Nicht zuletzt spiegeln sich die operativen (Opportunitäts-) Kosten in der so genannten »J-Curve« wider. Das bedeutet, dass in den ersten Jahren zunächst einmal Investitionen in Private Equity-Fonds bzw. Unternehmen getätigt und gleichzeitig bereits Managementgebühren gezahlt werden, die zu Zahlungsabflüssen und Verlustausweisen führen, während Rückflüsse und Erträge aus Private Equity-Ausschüttungen erst wesentlich später nach einigen Jahren generiert werden. Diese anfängliche Liquiditäts- und Ertragsbelastung stellt speziell ein Problem für Versicherungen dar, die auf laufende Erträge und Ausschüttungen angewiesen sind.

Die vorrangige Frage war demnach, ob der Konzern sich speziell in dem negativen Umfeld diese temporären Ertragsausfälle bzw. Verluste und Liquiditätsausfälle leisten kann und will - mit anderen Worten, ob Private Equity überhaupt als Assetklasse gewollt ist. Diese Grundsatzdiskussion, an der sowohl die Entscheidungsträger der Versicherungen als auch des Assetmanagements beteiligt waren, führte zu einem sehr langen und intensiven Entscheidungsfindungsprozess.

Die Entscheidung fiel letztendlich positiv aus. Sie war aber mit der Bedingung verknüpft, eine Lösung zu finden, die dazu beiträgt, die Kosten zu minimieren und die »J-Curve« im engeren Sinne quantitativ und zeitlich einzugrenzen. Die Aufgabenstellung lautete damit:

1. Entwicklung der optimalen Organisationsstruktur zur Reduzierung der Kosten für die Assetklasse Private Equity.

2. Entwicklung einer optimalen Portfoliostrategie zur Reduzierung der »J-Curve«.

Notizen:

Es gab seitens der AMB Generali Gruppe keine strikten zeitlichen Vorgaben für das Finden und Umsetzen der adäquaten Lösung, sondern es wurde größerer Wert auf eine detaillierte und umfassende Analyse der Lösungsalternativen gelegt.

Die Entwicklung der optimalen Portfoliostrategie zur Minimierung der »J-Curve« ist nicht Gegenstand dieser Fallstudie. Trotzdem soll das Ergebnis hier kurz dargstellt werden.

Die AMB Generali Private Equity investiert über Fonds grundsätzlich breit diversifiziert in den Regionen Nordamerika und Europa in alle Segmente von Frühphasenfinanzierungen im Venture Capital über Expansionskapital hin zu den klassischen Management-Buyouts. Der Anteil an Venture Capital liegt bei unter 10 %. Die Gründe sind vor allem im Vergleich zu anderen Segmenten sehr hohe Risiko-/Ertragsrelationen und im Durchschnitt längere Entwicklungs- und Halteperioden der Unternehmen (bis zu

sieben Jahren im Vergleich zu vier bis fünf Jahren bei Buyouts) und damit wesentlich spätere Rückflüsse. Das Portfolio beinhaltet darüber hinaus Mezzaninekapital (nachrangige Darlehen mit Erfolgsbeteiligung), die in der Regel bei geringerem Risiko eine etwas niedrigere Rendite als die Buyout-Fonds erwirtschaften, aber dafür den Vorteil haben, dass sie von Beginn an laufende Erträge in Form von Zinszahlungen garantieren. Die wichtigste Komponente zur Verkürzung der »J-Curve« stellen Investitionen in »Secondaries« dar. Hierbei handelt es sich um reifere, schon zumindest teilweise investierte Fonds, die bereits zu einem früheren Zeitpunkt aufgelegt wurden und daher frühere Ausschüttungen vornehmen. Die Verkäufer dieser Secondaries sind sehr häufig ertragsmäßig angeschlagene Institutionen, Banken nach erfolgten Fusionen oder Unternehmen nach einem Vorstands- und Strategiewechsel. Da es sich um ein sehr opportunistisches Geschäft handelt, beinhaltet die Portfoliostrategie der AMB Generali keine prozentuale

Allokation für die Secondaries. Theoretisch könnte dieser Anteil 100 % betragen.

Die größere Herausforderung war, die für die AMB Generali Gruppe unter Kostenaspekten optimale Organisationsstruktur zu finden. Es wurden fünf verschiedene Lösungsalternativen untersucht.

3) LÖSUNGSALTERNATIVEN

a) Externe Dachfondskonzepte

Dieses Konzept bedeutet Investitionen in Dachfonds, die von externen Private Equity-Dachfondsmanagern verwaltet werden. Der Investor ist dabei in der Regel ein Minderheitsinvestor unter vielen. Es gibt professionelle Dachfondsmanager sowohl in den USA als auch in Europa. Zu unterscheiden sind sehr breit diversifizierende Dachfonds, die so den globalen Private Equity-Markt abbilden können, regional fokussierte Dachfonds (z.B. Europa, USA), Dachfonds, die sich auf bestimmte Finanzierungsphasen, wie z.B. Venture Capital

Notizen:

_____

_____

_____

_____

_____

konzentrieren oder auch bestimmte Segmente wie Mezzanine oder Secondaries abdecken.

In dieser Lösungsvariante bestehen die Aufgaben der AMB Generali in der Analyse und Auswahl der Dachfondsmanager, der Überwachung und Überprüfung der Entwicklung anhand der Berichterstattung der Dachfonds sowie Zahlungsabwicklung und Buchhaltung. Diese Aufgaben sind auch bei gleichzeitiger Auswahl mehrerer Dachfondsmanager von einer qualifizierten Vollzeitkraft zu bewerkstelligen. In kleineren Häusern liegt diese Verantwortung häufig auch bei Generalisten, die zusätzlich auch für andere Assetklassen zuständig sind.

Da die wesentlichen Aufgaben ausgelagert sind, entsprechen bei dieser Lösungsalternative die Private Equity-Kosten vor allem den Kosten für den Dachfonds.

Die Marktkonditionen für einen Dachfonds sehen exemplarisch wie folgt aus: Der Dachfonds hat eine Laufzeit von etwa zwölf Jahren, d.h. ähnlich der Laufzeit der Fonds, in die er investiert. Der Dachfondsmanager erhält eine jährliche Managementgebühr von etwa 1% gerechnet auf das gezeichnete Kapital (committed capital). In der Regel ermäßigt sich diese Gebühr nach den Investitionsjahren dergestalt, dass sich sowohl der gezahlte prozentuale Satz als auch die Berechnungsgrundlage (von gezeichnetem auf investiertes Kapital) reduzieren können. Gleichzeitig partizipiert der Manager am Erfolg des Dachfonds. Ähnlich wie bei den zugrunde liegenden Private Equity-Fonds selbst, erhält er nach Erreichen einer Gewinnschwelle (sogenannte hurdle rate) von marktüblich 8% einen Gewinnanteil von 10% bis 20%.

b) Externe Spezialfondsmandate (sog. »separate oder managed accounts«)

Dieses Konzept ist dem Dachfondskonzept sehr ähnlich. Ein Unterschied ist, dass die einem Spezialfonds vergleichbaren »separate oder managed accounts« für einen einzelnen Investor entsprechend seiner individuellen Investmentstrategie gestaltet werden können. Dementsprechend wird ein Manager ein solches Mandat auch nur ab einem bestimmten Minimumvolumen (in der Regel 100 Mio. Euro) anbieten. Der Investor hat wesentlich größere Flexibilität und Einflussnahmemöglichkeiten. Die Konditionen sind denen eines Dachfonds vergleichbar, die Managementgebühr liegt in der Regel etwas niedriger. Die Aufgabenverteilung und eigene einzubringende Personalkapazität ist dem Dachfondskonzept sehr ähnlich.

c) Externe Beratermandate

Diese Mandate können unterschiedlich ausgestaltet sein, da Inhalt und Grad der Diskretion Verhandlungssache zwischen den Parteien sind. An dem einen Ende des Spektrums stehen Mandate, die in der inhaltlichen und konditionellen Ausgestaltung den Dachfonds oder Spezialfonds sehr ähnlich sein können.

Notizen:

_____

_____

_____

_____

_____

BRITTA LINDHORST | GESCHÄFTSFÜHRERIN | AMB GENERALI PRIVATE EQUITY GMBH

KOSTENOPTIMIERTER AUFBAU DER ASSETKLASSE PRIVATE EQUITY IM VERSICHERUNGSKONZERN – PROBLEME UND LÖSUNGSALTERNATIVEN | **37**

Auf der anderen Seite sind sehr flexible Ausgestaltungen denkbar, bei denen der Berater auf Grundlage einer vorgegebenen Investmentstrategie dem Investor Vorschläge für Investments in Private Equity-Fonds unterbreitet, dieser aber letztendlich die Entscheidung trifft und als direkter Kontrahent gegenüber dem Fonds auftritt. Der Berater ist letztendlich Intermediär zwischen Fonds und Investor.

Die Konditionen für ein solches Mandat werden entsprechend des Inhalts auch sehr flexibel festgelegt. Die jährliche Managementgebühr ist in der Regel niedriger als beim Dachfonds und die Laufzeiten sind kürzer. Da die Investmententscheidung nicht beim Berater, sondern beim Investor liegt, erhält der Berater in der Regel keinen Anspruch auf Gewinnbeteiligung.

Allerdings ist bei dieser Struktur der Aufbau eigener Kapazitäten notwendig. Zum einen erfordert es mehr Investmentmanagementkapa-

zitäten, zum anderen ist damit erheblich mehr Aufwand in der Administration verbunden.

d) Kapitalmäßige Beteiligung an einer bestehenden externen Investmentmanagementgesellschaft

Bei dieser Alternative wurde die Möglichkeit untersucht, sich kapitalmäßig an einer bestehenden, externen Private Equity-Gesellschaft zu beteiligen, wobei der Beteiligungsanteil von einer Minderheit bis zur vollständigen Übernahme reichen kann. Eine Beteiligung erschließt den sofortigen Zugang zu einem professionellen Team und einem bereits bestehenden Private Equity-Portfolio. Sofern der Kapitalanteil entsprechende Größenordnungen erreicht, ermöglichen Mandate in den Aufsichts-, Verwaltungs- und Investmententscheidungsgremien die direkte Einflussnahme auf die Strategie und die Investmentprozesse.

Die Bewertung einer Private Equity-Gesellschaft und damit die Ermittlung des Kaufprei-

ses einer solchen Beteiligung ist schwierig. Es gibt kaum direkte Vergleichsmöglichkeiten über börsennotierte Gesellschaften. Hilfsweise werden in der Praxis Bewertungen von Finanzdienstleistern und Banken herangezogen, die in der Regel mit einem Umsatz- oder Buchwertmultiplikator oder einem Prozentsatz des verwalteten Vermögens angesetzt werden. Die wichtigsten (immateriellen) Aktiva bilden aber ohnehin die Manager, also die Mitarbeiter, deren Wert praktisch nicht quantifizierbar ist. Zusätzlich zu dem Kaufpreis als anfänglichem Hauptkostenblock ergeben sich eigene laufende Kosten aus der Bereitstellung der Personalkapazität für die Wahrnehmung der Mandate sowie aus der entsprechend der Beteiligungsquote resultierenden laufenden anteilsmäßigen Ergebnisübernahme.

e) Aufbau einer internen Investmentmanagementgruppe

Bei dieser Alternative werden sämtliche Aufgaben des Investmentmanagements und der

Notizen:

_____

_____

_____

_____

_____

_____

_____

Administration im eigenen Haus wahrgenommen. Die Größe des Teams ist unter anderem auch von der Investmentstrategie abhängig. So erfordert ein globales Private Equity-Portfolio wesentlich mehr Ressourcen in der Investmentanalyse als ein auf den Heimatmarkt (Europa) konzentriertes Portfolio. Die Unternehmensanalyse bei Direktinvestments ist wiederum anders und noch arbeitsintensiver als die Analyse von Fondsinvestments. In jedem

Abb. 1: Kostenstruktur der einzelnen Lösungsalternativen

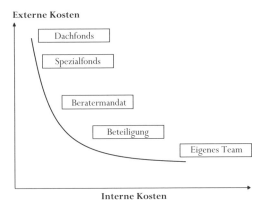

Fall erfordert eine Entscheidung für ein eigenes Team wesentlich mehr Personalkapazität sowohl für die Investmentanalyse als auch für die Administration. Hinzu kommen unter anderem die Anschaffungs- und Unterhaltskosten für Private Equity-Datenbanken und vor allem die Rechts- und Steuerberatungskosten für die vertraglichen Prüfungen von Investments (»legal due diligence«) und ihre Strukturierungen. Der erhebliche Zeitaufwand, zum Beispiel für die Suche und Integration von qualifiziertem Personal, der mit einem solchen internen Aufbau verbunden ist, lässt sich nicht so ohne weiteres quantifizieren, ist aber dennoch nicht zu unterschätzen. Insofern bietet die Lösungsalternative d) (Beteiligung) große Vorteile, da sie hilft, die Lernkurve zu verkürzen, andererseits sind die Anfangs(fix)kosten durch den Kaufpreis wesentlich höher und lassen sich bei Veränderungen in der strategischen Ausrichtung auch nur schwer korrigieren, da eine solche Beteiligung kein liquides Asset darstellt.

4) VERGLEICH DER EINZELNEN LÖSUNGSALTERNATIVEN

Die fünf Alternativen unterscheiden sich zunächst einmal sehr deutlich danach, welche Art von Kosten sie verursachen: Externe Kosten, die in der Regel als Managementfee und Gewinnbeteiligung anfallen, oder interne Kosten, das heißt vor allem für Personal und Administration.

Die externen Kosten sind auf jeden Fall transparenter, da sie vertraglich fixiert sind, und daher einfacher darzustellen sind. Die Kalkulation der internen Kosten mittels Aufstellung und Beurteilung eines detaillierten Geschäftsplans für einen neuen Geschäftsbereich, ist dagegen mit mehr Unsicherheit verbunden. Die Kehrseite ist, dass je mehr Kosten nach außen verlagert werden, desto weniger aktive Einflussnahmemöglichkeit hat der Investor auf die eigentliche Investmententscheidung. Im Dachfondskonzept ist praktisch kein Einfluss vorhanden, im eigenen Investmentteam ist der Einfluss dagegen hundertprozentig gegeben.

Notizen:

Die Frage nach der besten Lösungsalternative und den jeweiligen Kosten für Private Equity ist außerdem mehrdimensional und zusätzlich abhängig von Volumen und Zeit. Das bedeutet, dass bei der Beurteilung auch diese Faktoren mit berücksichtigt werden müssen.

Es ist zu bedenken, dass bei den »externen« Alternativen keine, beziehungsweise nur relativ geringe Skaleneffekte zu erzielen sind, mit anderen Worten die Kosten pro investierter Einheit verändern sich mit zunehmenden Volumina nicht. Bei den Dachfonds wird im Prinzip jeder zusätzliche Euro zu den jeweiligen Dachfondsgebühren investiert. Ähnlich sieht es bei den Spezialfonds aus, und nur sehr große Mandate erlauben einen Verhandlungsspielraum. Die Beratermandate sehen sehr häufig bereits degressive Gebührenmodelle in Abhängigkeit von den zu investierenden Beträgen vor. Bei einem eigenen Investmentteam, das unabhängig von der Größe des geplanten Private Equity-Portfolios eine gewisse Kapazität erfordert, die sich bei einem nur

kleinen Private Equity-Portfolio nicht kostendeckend rechnen würde, können dagegen mit steigenden Investitionsvolumina die größten Kostendegressionen erzielt werden.

Die Zeit spielt insofern bei der Kostenbetrachtung eine Rolle, als dass davon auszugehen ist, dass sich der Investor in der anfänglichen Aufbauphase der Assetklasse noch in einer Lernphase befindet, die zu Ineffizienzen führen kann. Diese »Ausbildungskosten« werden tendenziell umso höher sein, je früher eine interne Lösung angestrebt wird. In Abhängigkeit von der Zeit heißt das, dass ein Investor sich anfänglich stärker auf externe professionelle Private Equity-Berater verlassen sollte, deren Marktkenntnisse die Rendite für den Investor nachweisbar positiv beeinflussen müssen. Erst mit zunehmender eigener Lernkurve sind demnach interne Lösungen zu präferieren.

Zusammenfassend lässt sich festhalten, dass bei der Suche nach der optimalen Lösungs-

alternative folgende Faktoren zu berücksichtigen sind:

• Größe des Investors und des geplanten Investitionsvolumens

• Zeitliche Planung für Aufbau und Umsetzung des Private Equity-Portfolios

• Gewünschte Einflussnahme auf die Investmententscheidungen

Abb. 2: Optimale Struktur in Abhängigkeit von Volumen und Zeit

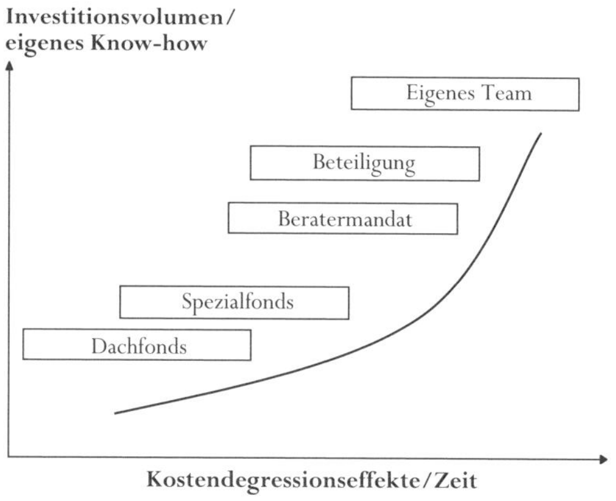

Notizen:

5) ENTSCHEIDUNGSFINDUNGS-PROZESS

Die AMB Generali Gruppe hat sich bei ihrer Entscheidungsfindung von diesen Faktoren leiten lassen. Die Lösung ist entsprechend eine Kombination von Alternativen, mit dem Ziel, die jeweiligen Vorteile der einzelnen Alternativen über die Zeit zu nutzen.

Die in der Einleitung beschriebene Kooperation innerhalb der europäischen Generali Gruppe ermöglicht die Bündelung der geplanten Private Equity-Investitionen. Damit lassen sich erheblich größere Volumina darstellen. Dementsprechend wurde eine eigene Investmentgesellschaft (AMB Generali Private Equity GmbH) gegründet, die als Kompetenzcenter für Private Equity im Generali Konzern agiert. Gleichzeitig bestand der Wunsch der Generali, die letztendliche Investmententscheidung nicht aus der Hand zu geben. Daher wurden reine Dachfondslösungen ausgeschlossen. Es wurden mehrere externe Beratermandate vergeben und

gleichzeitig ein eigenes, sehr kleines Investmentmanagementteam aufgebaut. Dieses Team arbeitet in enger Kooperation mit den professionellen Investmentmanagern der Berater. Gleichzeitig kann das Team ebenfalls auf die entsprechenden vorhandenen Ressourcen innerhalb des Generali Konzerns zurückgreifen, wie zum Beispiel in den Bereichen Rechnungswesen und Steuern. In der Anfangsphase werden somit die internen Kos-

ten sehr niedrig gehalten und die externen Kosten bilden den weitaus größeren Anteil. Über die Zeit kann und wird das Team der AMB Generali – nicht zuletzt mit Unterstützung der Berater – sein eigenes Know-how ausbauen und mit zunehmender Lernkurve schrittweise die Aufgaben der Berater übernehmen. Das heißt, aus den externen Kosten werden mehr und mehr interne Kosten. Die Zeitplanung für die schrittweise Substitution

Abb. 3: *Gewählte Lösungsalternative(n): Beratermandate und eigenes Team*

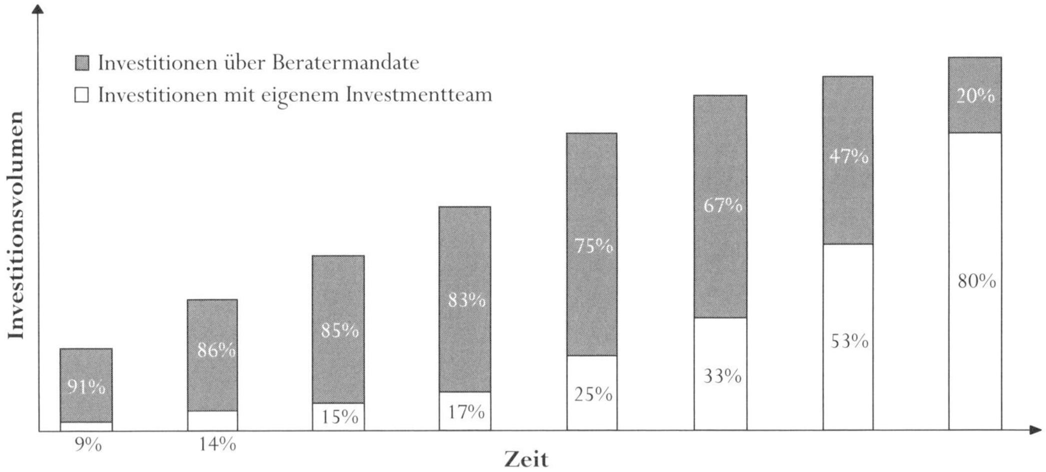

Notizen:

BRITTA LINDHORST | GESCHÄFTSFÜHRERIN | AMB GENERALI PRIVATE EQUITY GMBH

KOSTENOPTIMIERTER AUFBAU DER ASSETKLASSE PRIVATE EQUITY IM VERSICHERUNGSKONZERN – PROBLEME UND LÖSUNGSALTERNATIVEN **41**

sieht einen Zeitraum von fünf Jahren vor, unterliegt aber einer jährlichen Überprüfung und gegebenenfalls einer entsprechenden Anpassung.

6) UMSETZUNG UND ERGEBNIS

Die größte Herausforderung bei der Umsetzung der gewählten Lösungsalternative war das Finden der geeigneten Berater. Deshalb stand am Anfang eine sehr umfangreiche Marktstudie. Über einen Zeitraum von etwa zwei Jahren wurden Private Equity-Dachfondsmanager und Beraterfirmen analysiert. Mit zunehmender Marktkenntnis wurden detaillierte Fragenkataloge und darauf aufbauend Selektionskriterien entwickelt. Diese Kriterien umfassten folgende Punkte:

1. Track Record (historische Performance)
2. Gebührenstrukturen
3. Erfahrung mit Beratermandaten
4. Team/Teamerfahrung
5. Bereitschaft zur Kooperation mit der (AMB) Generali

Die Bewertung erfolgte mit Hilfe eines Scoring-Verfahrens. Während die ersten zwei Kriterien quantifiziert werden können, ist die Beurteilung des Teams und seiner Erfahrung wesentlich schwieriger. Es geht darum, die Qualität und Erfahrung des einzelnen Investmentmanagers und auch seines Beitrags innerhalb des Teams zu bewerten. Dazu gehört zum Beispiel die Überprüfung der fachlichen Qualifikation anhand von Lebensläufen und Referenzen.

Die größten Schwierigkeiten aber bereitet die Beurteilung der Kooperationsbereitschaft der Manager. Auch hier lassen sich über Referenzgespräche vor allem mit anderen Kunden und Kooperationspartnern bereits aufschlussreiche Erkenntnisse gewinnen. Da ein Erfolg aber sehr von den einzelnen handelnden Personen abhängt, ist es sehr wichtig, bereits während des Auswahlprozesses einen intensiven Dialog zu führen, die eigenen Vorstellungen gegenüber dem Berater soweit wie möglich zu präzisieren und sie in detaillierten Aufgabenbeschreibungen und Arbeitsabläufen schriftlich zu fixieren. Trotzdem handelt es sich letztendlich immer auch um eine intuitive Entscheidung.

Der wirkliche Erfolg einer Zusammenarbeit lässt sich erst im Verlaufe des Mandats feststellen. Umso wichtiger ist es deshalb, vertragliche Strukturen aufzusetzen, die eine gewisse flexible Anpassung ermöglichen.

Die Generali hat sich letztendlich für drei internationale Berater entschieden, die unterschiedliche Aufgaben und Schwerpunkte in ihren Mandaten wahrnehmen und sich somit komplementär ergänzen. Der US-Markt, der über zwei Drittel des gesamten weltweiten Private Equity-Marktes ausmacht und mit Abstand den reifsten und professionellsten Markt bildet, wird von zwei Beratern betreut. Aufgrund der Größe des Marktes und einer unterschiedlichen Spezialisierung gibt es wenig Überschneidungen. Der Berater in Kontinentaleuropa ist nicht nur für die eu-

Notizen:

_____

_____

_____

_____

_____

_____

ropäischen Investments zuständig, sondern berät und betreut die AMB Generali auch in der Administration, der Asset Allokation und der Investitionsplanung. Er ist ebenfalls in die Diskussion um versicherungsspezifische Probleme zum Beispiel steuerlicher und aufsichtsrechtlicher Art mit eingebunden.

Die Berater werden als integrativer Bestandteil der AMB Generali Private Equity-Einheit verstanden. Dies ermöglicht die gewollte enge Zusammenarbeit auf allen Ebenen, erfordert aber auch gleichzeitig sehr viel Abstimmungstätigkeit, ohne die ein reibungsloser Ablauf des operativen Geschäfts gar nicht möglich wäre.

Die Ablaufstruktur sieht vereinfacht wie folgt aus: Die Berater analysieren potenzielle Investments und erarbeiten Investmentvorschläge, die mit dem Team der AMB Generali Private Equity in den verschiedenen Phasen des Due Diligence-Prozesses bis zur Entscheidungsreife diskutiert werden. Das AMB Generali Team nutzt entsprechend der vorhandenen eigenen zeitlichen Kapazitäten die Möglichkeiten, sich selbst während des gesamten Prozesses aktiv einzubringen und sich auf Basis der von den Beratern erstellten Berichte und eigener Recherchen im Markt ein eigenes Bild zu machen.

Abb. 4: *Organisationsstruktur der Private Equity-Einheit in der Generali-Gruppe*

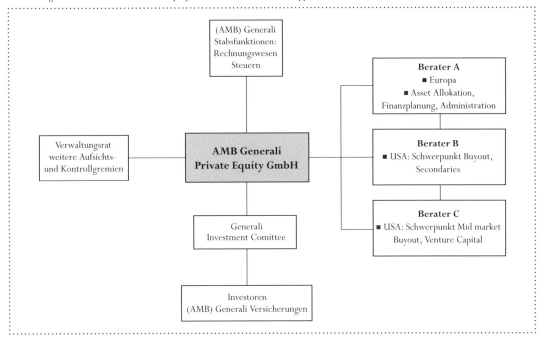

Notizen:

_____   _____   _____

_____   _____   _____

_____   _____   _____

_____   _____   _____

_____   _____   _____

_____   _____   _____

Die Investmententscheidung wird schließlich im Generali Konzern durch ein Investment Committee der europäischen Generali getroffen. Der Berater ist anschließend auf Grundlage einer Bevollmächtigung durch die Generali verantwortlich für die Erledigung der sehr umfangreichen vertraglichen Dokumentationen. Der Abschluss der Verträge erfolgt im Namen der Generali, die damit als direkter Investor gegenüber dem Fonds auftritt.

7) FAZIT

Letztendlich erfolgte die Umsetzung der Struktur der Private Equity-Einheit in der Generali Gruppe inhaltlich entsprechend der Planung. Nach zwei Jahren operativer Tätigkeiten haben sich auch die Arbeitsabläufe sehr gut eingespielt und das bisher erzielte Ergebnis entspricht im Wesentlichen den Erwartungen.

Im Soll-Ist-Vergleich zeigt sich die einzige deutlichere Abweichung auf der Zeitachse.

Der Aufbau der Struktur ist langsamer vorangekommen als ursprünglich geplant. Dies ist aber nicht als Problem zu bewerten, sondern eher Ausdruck einer vorsichtigen Vorgehensweise, die den gesamten Prozess geprägt hat. Dies ist auch der Ratschlag aus der eigenen Erfahrung: Zeit und Geduld mitzubringen, da strategische Anfangsfehler nur schwer zu korrigieren sind.

8) FRAGEN UND AUFGABEN

1. Welche Auswirkung haben Investitionen in Private Equity auf das Gesamtportfolio einer Versicherung?

2. Welche Arten von Kosten fallen bei Investitionen in Private Equity an?

3. Was besagt die »J-Curve«?

4. Wie sollte ein Private Equity-Portfolio aufgebaut werden, in dem die »J-Curve« so weit wie möglich reduziert wird?

5. Welches sind die wichtigsten Unterschiede zwischen Dachfonds, Spezialfonds und Beratermandaten?

6. Welche Faktoren sind bei der Auswahl der richtigen Organisationsstruktur zu berücksichtigen?

7. Warum spielt das zu investierende Volumen bei der Wahl der Organisationsstruktur eine wichtige Rolle?

8. Welche Lösungsalternative(n) ermöglichen das Ausnutzen von Skaleneffekten?

9. Welche Schwierigkeiten ergeben sich bei der Bewertung von Private Equity-Gesellschaften und welche Bewertungsmethoden finden Anwendung?

10. Welche Kriterien sollten bei der Auswahl eines Investmentberaters auf jeden Fall berücksichtigt werden?

Notizen:

STEFAN LEMPER | PARTNER | AURELIA PRIVATE EQUITY GMBH

LIQUIDATIONS-/ EXIT-PRÄFERENZEN BEI DER UNTERNEHMENSBEWERTUNG UND
DER BETEILIGUNGSSTRUKTURIERUNG – EINSATZ UND AUSWIRKUNGEN

STEFAN LEMPER | PARTNER | AURELIA PRIVATE EQUITY GMBH

LIQUIDATIONS-/ EXIT-PRÄFERENZEN BEI DER UNTERNEHMENSBEWERTUNG UND DER BETEILIGUNGSSTRUKTURIERUNG–EINSATZ UND AUSWIRKUNGEN

47

Im Rahmen dieser Fallstudie wird die Strukturierung einer Beteiligung vor dem Hintergrund einer speziellen Unternehmenssituation beschrieben. Im Mittelpunkt steht die Bewertung des Unternehmens und die korrigierende Rolle von Liquidations- bzw. Exitpräferenzen. Dabei wird ein möglicher Lösungsweg detaillierter dargestellt.

1) HINTERGRUND

Die Software GmbH hat das Softwareprodukt »Efficiency« entwickelt, mit dem sich bei bestimmten Kernprozessen in Großunternehmen erhebliche Einsparungspotenziale realisieren lassen. Das für unterschiedliche Bedürfnisse einsetzbare Produkt lässt sich an unterschiedliche an diesem Prozess beteiligte Kundentypen vermarkten. Bislang wurde das Produkt für zwei Branchen vertikalisiert.

Die Vermarktung fand bisher primär in Deutschland und opportunistisch in der Schweiz und in Österreich statt. Erste Vertriebs- und OEM-ähnliche Partnerschaften bestehen zwar, es existiert aber noch ein großes Skalierungspotenzial durch den strukturierten Aufbau weiterer derartiger Partnerschaften. In überschaubarer Zeit konnten verschiedenen Großkunden gewonnen werden, die »Efficiency« erfolgreich einsetzen. Zunehmend wachsende Investitionsbudgets der Unternehmen für IT-Produkte im Allgemeinen und eine steigende Aufmerksamkeit auf den von »Efficiency« unterstützten Kernprozess lassen ein positives Vermarktungsklima erwarten. Neben »Efficiency« bietet das Unternehmen aus der Historie heraus noch die Produkte »Altprodukt 1« und »Altprodukt 2« an. Beide Produkte haben thematisch wenig mit »Efficiency« zu tun. Bei den Altprodukten ist die Materialeinsatzquote sehr hoch. Bei »Efficiency« werden einerseits zum Teil Hardwareelemente mitgeliefert und andererseits wird oft auf Freelancer bei der Implementierung zurückgegriffen.

Der Vertrieb ist personell, qualitativ und quantitativ schwach aufgestellt und nicht optimal strukturiert.

Zur Finanzierung der Entwicklung und des Markteintrittes von »Efficiency« hat die Gesellschaft bereits vor zwei Jahren 500.000 Euro Venture Capital im Rahmen einer Beteiligung erhalten. Im Jahr 2004 hat die Gesellschaft insgesamt ein ausgeglichenes Ergebnis erwirtschaftet.

Die Software GmbH stand vor der Frage, ob Sie mit den vorhandenen Finanzmitteln nun eine vorsichtige Wachstumsstrategie verfolgen soll, oder ob für ein aggressiveres Wachstum von »Efficiency« eine weitere Venture Capital-Finanzierung gesucht werden soll. Ein derartiges Wachstumsszenario sieht im Wesentlichen zusätzliche Kosten für den Aufbau des nationalen und internationalen direkten und indirekten Vertriebs sowie flankierende Marketingaktivitäten vor.

Die Gründer und der bestehende VC-Geber »Altinvestor« mussten abwägen, inwieweit eine Unternehmenswertsteigerung durch die Expansion mit frischem Kapital den Verwässerungseffekt dieser Finanzierung kompensieren kann.

Notizen:

_____

_____

_____

_____

_____

_____

_____

STEFAN LEMPER | PARTNER | AURELIA PRIVATE EQUITY GMBH

48   LIQUIDATIONS-/ EXIT-PRÄFERENZEN BEI DER UNTERNEHMENSBEWERTUNG UND DER BETEILIGUNGSSTRUKTURIERUNG–EINSATZ UND AUSWIRKUNGEN

Im Ergebnis haben sich die Gesellschafter dazu entschlossen, weiteres Venture Capital aufzunehmen.

2) AUSGANGSSITUATION

Zur Zeit hat die Software GmbH 5 Gesellschafter. Die Gründer A, B und C, einen Business Angel und die VC-Gesellschaft »Altinvestor«. Die Gesellschafterstruktur stellt sich im Detail wie folgt dar:

Tab. 1:

Gesellschafter	Aktionärsstruktur	
	GK	%
Gründer A	35.650 €	22,28%
Gründer B	35.650 €	22,28%
Gründer C	35.650 €	22,28%
Business Angel	5.500 €	3,47%
Altinvestor	47.500 €	29,69%
Neuinvestor	0 €	0,00%
	160.000 €	100,00%

Vor Beitritt von »Altinvestor« hat sich die Gesellschaft über Eigenmittel der Gründer und aus dem Cash Flow finanziert. »Altinvestor« hat sich dann vor zwei Jahren mit 500.000 Euro an der Software GmbH zur Finanzierung der Entwicklung von »Efficiency« beteiligt. Der Post Money Unternehmenswert damals betrug 2 Mio. Euro und entsprach einem einfachen Umsatzmultiple. Das Investment war mit einer einfachen mit 6% verzinsten Liquidations-Präferenz ausgestattet, die jedoch auf die dem »Altinvestor« zufließenden Exiterlöse angerechnet wird. Aufgrund verfehlter Milestones konnte »Altinvestor« weitere Anteile zum Nominalwert nachzeichnen. An einer neuen Finanzierungsrunde möchte »Altinvestor« wieder teilnehmen.

Mit Ausnahme einer Kreditlinie von 100.000 Euro verfügt die Gesellschaft über kein Fremdkapital. Der Kapitalbedarf für die Expansion wurde im Rahmen von alternativen Planungen mit einem Worst-, einem Real- und einem Best-Case ermittelt. Im Worst-Case wurde ein

Finanzbedarf einschließlich einer Reserve für M&A-Aktivitäten in Höhe von 2,25 Mio. Euro geplant. Grundlage der Beteiligungsverhandlung ist folgende, von der Gesellschaft entwickelte Real-Case Planung, die zu Bewertungszwecken bereits angepasst wurde:

Tab. 2:

Finanzplanung				
Real Case	2005	2006	2007	2008
Umsatz	3.495	5.185	8.717	10.900
davon Efficiency	3.050	4.695	8.199	10.357
davon Altprodukt 1	189	214	230	241
davon Altprodukt 2	256	276	288	302
Material / Fremdleistungen	1.017	1.378	2.075	2.453
Rohertrag	2.478	3.807	6.642	8.447
Jahresüberschuss	-195	-581	1.481	2.309

Notizen:

STEFAN LEMPER | PARTNER | AURELIA PRIVATE EQUITY GMBH

LIQUIDATIONS-/ EXIT-PRÄFERENZEN BEI DER UNTERNEHMENSBEWERTUNG UND DER BETEILIGUNGSSTRUKTURIERUNG–EINSATZ UND AUSWIRKUNGEN **49**

Wie die originäre Planung der Gesellschaft zeigt, machen die Altprodukte 1 und 2 zur Zeit rund 13% des Umsatzes aus. »Altprodukt 1« ist ein Fremdprodukt, das von einer kleinen Einheit innerhalb des Unternehmens weitgehend autonom vermarktet wird. »Altprodukt 2« ist eine Softwarelösung für eine sehr spezielle Marktnische, die in der Vergangenheit individuell für einen Kunden entwickelt wurde und für die es offenbar kaum Wettbewerb gibt. Die Kunden sind dabei vom Grundsatz her auch für »Efficiency« von Interesse.

Nach Durchführung einer intensiven Due Diligence ist die VC-Gesellschaft »Neuinvestor« an einer Beteiligung an der Software GmbH über 1,25 Mio. Euro interessiert. »Altinvestor« erklärt sich bereit, die fehlende 1 Mio. Euro zu investieren und ist aufgrund der bereits jetzt schon hohen Beteiligungsquote sehr flexibel. Beide Investoren wollen sich am Eigenkapital beteiligen. Sie können sich aber auch vorstellen, Teile der Gesamtsumme als stille Gesellschaft einzulegen. »Neuinvestor«

geht bei der Beteiligung von einer Haltezeit von drei Jahren aus und unterstellt eine Renditeforderung von mindestens 35% p.a. Weiterhin sei zur Kalkulation unterstellt, dass bei der Gesellschaft mindestens mit einem Exiterlös von 10 Mio. Euro gerechnet wird.

Um Anhaltspunkte für die Unternehmensbewertung zu erhalten, identifiziert »Neuinvestor« zwei an der NASDAQ notierte direkte Wettbewerber der Software GmbH*. Außerdem liegen »Neuinvestor« die Daten von vergleichbaren Transaktionen bei Beteiligungen an jungen Softwareunternehmen vor. Es sei unterstellt, dass die Peers ebenso wie die Software GmbH weder über wesentliches Vermögen noch über Fremdkapital verfügen. Nachdem die Daten bereinigt und soweit möglich vergleichbar gemacht wurden, liegen die folgenden Multiples vor: (*siehe Tabelle 3*)

Bei den Gesprächen mit den drei Gründern stellt sich schnell heraus, dass diese in jedem Fall die Mehrheit des Gesellschaftskapitals

Tab. 3:

Peer Group Multiples			
Multiples	**Börsenmult. Wettbewerber A**	**Börsenmult. Wettbewerber B**	**Transaktionsmultiples**
Umsatz	1,1	0,83	0,65 - 1,5
EBIT	20,38	18,45	5,5 - 11,0

(> 50%) behalten wollen. Dieser Punkt erweist sich als unverhandelbar. Sie haben jedoch nichts dagegen, dass sich die Investoren im Gesellschaftervertrag und der Gesellschaftervereinbarung von der Verteilung der Geschäftsanteile abweichende Stimm- und Vetorechte einräumen.

Es gilt nun in einem ersten Schritt eine faire Unternehmensbewertung zu erarbeiten. In einem zweiten Schritt ist ein Ausgleich zwischen den divergierenden Interessen zwischen fairer Unternehmensbewertung, Exitverteilung und Vorstellungen der Gründer zu finden.

* Aktuelle Multiples für verschiedene Branchen werden regelmäßig auf www.finance-magazin.de veröffentlicht.

Notizen:

_____

_____

_____

_____

_____

_____

STEFAN LEMPER | PARTNER | AURELIA PRIVATE EQUITY GMBH

50   LIQUIDATIONS-/ EXIT-PRÄFERENZEN BEI DER UNTERNEHMENSBEWERTUNG UND DER BETEILIGUNGSSTRUKTURIERUNG–EINSATZ UND AUSWIRKUNGEN

In dieser Fallstudie soll der Schwerpunkt auf der Bewertung mit Multiples und der Strukturierung der Beteiligung liegen. Fundamentale Bewertungsverfahren, wie das Discounted Cash Flow- oder das Ertragswertverfahren, sollen hier unabhängig von der Frage ihrer grundsätzlichen Eignung für junge Technologieunternehmen vernachlässigt werden.

3) LÖSUNGANSATZ

Unternehmensbewertung

Grundlage der Bewertung mit den erhobenen und bereits bereinigten Multiples sind die Bezugsgrößen aus der Unternehmensplanung. Dazu sollen die Planzahlen für das Jahr 2005 herangezogen werden. Da die Gesellschaft bis einschließlich 2006 noch negative Ergebnisse erzielt, lassen sich die erhobenen EBIT-Multiples nicht verwenden. Unterstellt, dass sie im Zeitablauf stabil bleiben, lassen sie Rückschlüsse auf die Erwartung der Exitwerte zu, was hier aber nicht erfolgen soll.

Wie erläutert, basiert die Investitionshypothese nur auf dem Produkt »Efficiency«. Die beiden Altprodukte erwirtschaften in der vorliegenden Planung nur geringe Umsatzanteile und defokussieren eventuell das Management. Aus Sicht eines Investors beeinflussen diese Aktivitäten den Exitwert nicht positiv. Er versucht diese im Rahmen der Verhandlung über den Unternehmenwert nicht zu berücksichtigen. Stattdessen wirkt er darauf hin, dass diese Randaktivitäten verkauft werden, um eine klare Fokussierung auf das Kerngeschäft zu gewährleisten.

Die Ertragsstruktur der Software GmbH ist im Vergleich zu anderen Softwareunternehmen durch eine hohe Materialeinsatzquote gekennzeichnet. Auch diese Tatsache soll wertmindernd berücksichtigt werden. Zur Abrundung des Bewertungskorridores wird daher auch der Rohertrag der Gesellschaft als Grundlage für die Anwendung der Multiples verwendet.

Nach Anwendung der verschiedenen Multiples auf unterschiedliche Bezugsgrößen ergibt sich die folgende Tabelle:

Tab. 4:

	Bewertung			
	Unternehmenswert Software GmbH gem. Multiple			Durch-schnitt-swert
bzgl.	Wettbe-werber A	Wettbe-werber B	Trans-aktions-mult.	
Umsatz 2005	3.845	2.901	3.757	3.501
Umsatz Efficiency 2005	3.355	2.532	3.279	3.055
Gesamtrohertrag 2005	2.726	2.057	2.664	2.482
Durchschnitt				3.013

Die Bandbreite der so ermittelten Unternehmenswerte liegt zwischen 2,1 und 3,8 Mio. Euro. Der Durchschnitt über alle Unternehmenswerte liegt bei 3,013 Mio. Euro, was im Folgenden als Grundlage für den Pre-Money Unternehmenswert herangezogen werden soll. Bei einem Direktinvestment von 2,25 Mio. Euro würde der Post-Money Unternehmenswert als Grundlage für die

Notizen:

STEFAN LEMPER | PARTNER | AURELIA PRIVATE EQUITY GMBH

LIQUIDATIONS-/ EXIT-PRÄFERENZEN BEI DER UNTERNEHMENSBEWERTUNG UND DER BETEILIGUNGSSTRUKTURIERUNG–EINSATZ UND AUSWIRKUNGEN | 51

Anteilsverteilung bei 5,263 Mio. Euro liegen. Entsprechend ergibt sich die folgende Beteiligungsstruktur, die »Neuinvestor« dem Unternehmen in einem ersten Verhandlungsschritt anbietet.

In diesem Szenario sinkt der Anteil der Gründer auf 38,27%. Wie in der Ausgangssituation erläutert, bestehen die Gründer darauf, die Mehrheit im Unternehmen zu behalten, weswegen ein solcher Beteiligungsvorschlag nicht akzeptiert wird. Um die Mehrheit zu erhalten, wäre ein Post-Money Unternehmenswert von rund 9,25 Mio. Euro notwendig, was von den Investoren abgelehnt wird.

Es stellt sich die Frage, ob es eine Beteiligungsstruktur gibt, bei der die Wertindikation der Unternehmensbewertung aus Investorensicht einerseits, und die Forderung der Gründer die Mehrheit der Anteile zu behalten andererseits, berücksichtigt werden kann. Theoretisch sind folgende Lösungswege denkbar:

1. Auf dem Verhandlungsweg wird die Unternehmensbewertung erhöht oder die Forderung der Gründer aufgeweicht.

2. Die Investitionssumme wird reduziert.

3. Das Unternehmen nimmt kein neues Kapital auf und versucht aus eigener Kraft weiter zu wachsen.

4. Ein erhöhter Unternehmenswert wird durch Liquidations/Exitpräferenzen kompensiert.

5. Die Investitionssumme wird nur teilweise als bevorzugtes Eigenkapital eingelegt. Der Rest wird als Fremdkapital zur Verfügung gestellt.

Tab. 5:

Gesellschafter	Aktionärsstruktur		Beteiligung				
	GK	%	Kapital-erhöhung	Agio	GK neu	%	Direkt-beteiligung
Gründer A	35.650 €	22,28%			35.650 €	12,76%	
Gründer B	35.650 €	22,28%			35.650 €	12,76%	
Gründer C	35.650 €	22,28%			35.650 €	12,76%	
Business Angel	5.500 €	3,47%		0	5.500 €	1,99%	
Altinvestor	47.500 €	29,69%	53.103	946.897	100.603 €	36,00%	1.000.000 €
Neuinvestor	0 €	0,00%	66.379	1.183.621	66.379 €	23,75%	1.250.000 €
	160.000 €	100%	119.482 €	2.130.518 €	279.482 €	100,00%	2.250.000 €

Beteiligung	
Direktbeteiligung	2.250.000 €
Stille Gesellschaft	0 €
Summe	**2.250.000 €**

Bewertung	
Unternehmenswert Pre-Money	3.013.000
Unternehmenswert Post-Money	5.263.000
Verwässerung	42,75%
Anteile Altgründer	38,27%

Notizen:

_____ _____ _____

_____ _____ _____

_____ _____ _____

_____ _____ _____

_____ _____ _____

_____ _____ _____

STEFAN LEMPER | PARTNER | AURELIA PRIVATE EQUITY GMBH

52

LIQUIDATIONS-/ EXIT-PRÄFERENZEN BEI DER UNTERNEHMENSBEWERTUNG UND DER BETEILIGUNGSSTRUKTURIERUNG–EINSATZ UND AUSWIRKUNGEN

Zu 1.: In dieser Fallstudie soll eine Erhöhung der Unternehmensbewertung aus Sicht der Investoren nicht in Frage kommen. Der Wertansatz wird im Wesentlichen für angemessen gehalten. Die Gründer sollen in diesem Fall ebenfalls an ihrer eher emotionalen Forderung nach Erhalt der Mehrheit festhalten.

Zu 2.: Eine Reduktion der Investitionssumme wird von allen Beteiligten als falscher Weg angesehen und soll daher hier auch nicht weiter betrachtet werden. Im Ergebnis könnten bestimmte Expansionsschritte nicht durchgeführt werden, die für die geplante Wertentwicklung der Gesellschaft sehr wichtig sind. Eine Einsparung der Investitionssumme würde eventuell eine überproportionale Reduktion des möglichen Exitwertes nach sich ziehen.

Zu 3.: Die Alternative, gar kein neues Kapital aufzunehmen, wird angesichts der Wachstumspotenziale von den Gesellschaftern der Software GmbH ebenfalls abgelehnt. Es wird davon ausgegangen, dass sich nur mit einer neuen Finanzierung der Unternehmenswert erheblich erhöhen lässt.

Zu 4.: Ein gängiges Mittel bei Venture Capitalisten, das Risiko einer geringen oder negativen Verzinsung bei niedrigen Exitwerten zu reduzieren bzw. um den Wert der Anteile an einem Unternehmen zu erhöhen, sind Liquidations- oder Exitpräferenzen. Diese frei gestaltbaren Sonderrechte sind für den Fall der Liquidation eines Unternehmens konzipiert und werden auch auf andere Exitformen erweitert (im Folgenden Exitpräferenz genannt). Sie gewähren den Investoren im Fall des Exits eine Bevorzugung bei der Erlösverteilung. Ist z.B. eine 25%ige Beteiligung über 1 Mio. Euro mit einer einfachen Präferenz versehen, erhält ein Investor bei einem Exiterlös von 2 Mio. Euro vor allen anderen Gesellschaftern zunächst 1 Mio. Euro. Die dann verbleibende 1 Mio. Euro wird in einem zweiten Schritt gemäß der Anteilsverteilung unter den Gesellschaftern verteilt. Der Investor bekommt dadurch weitere 250.000 Euro und hat damit für seine Beteiligung von 25% insgesamt 1,25 Mio. Euro von den 2 Mio. Euro Exitwert erhalten. Für den Investor sind diese Präferenzen also besonders bei geringen Exitwerten von Vorteil.

Präferenzen führen also zu einem Auseinanderfallen von Anteils- und Exiterlösverteilung. Ein Investor ist naturgemäß vom Exit und den damit verbundenen finanziellen Rückflüssen getrieben. Anhand dieser Rückflüsse orientiert sich seine Beteiligungsstrategie. Sind die erwarteten Rückflüsse an ihn im Falle eines Exits sichergestellt, besteht auch eine gewisse Verhandlungsbereitschaft, formal weniger Anteile für eine Beteiligung zu erhalten, als diesen Rückflüssen entsprechen würden. Nachteile bei den von der Beteiligungsquote abhängigen Stimmrechten bei Gesellschafterversammlungen werden gegebenenfalls durch vertragliche Regelungen ausgeglichen.

Notizen:

_____

_____

_____

_____

_____

_____

STEFAN LEMPER | PARTNER | AURELIA PRIVATE EQUITY GMBH

LIQUIDATIONS-/ EXIT-PRÄFERENZEN BEI DER UNTERNEHMENSBEWERTUNG UND DER BETEILIGUNGSSTRUKTURIERUNG–EINSATZ UND AUSWIRKUNGEN   53

Vergleicht man die Auswirkungen eines solchen Trade Offs, ist zu beachten, dass sich ein Verzicht auf Anteile zugunsten von Präferenzen nur bis zu einer bestimmten Höhe des Exitwertes positiv auf die Rückflüsse auswirkt. Danach wird der Vorteil der vorrangigen Präferenz durch den Nachteil der reduzierten Rückflüsse aus der nachrangigen Verteilung gemäß der geringeren Anteile überkompensiert. Ab diesem Punkt sind höhere Beteiligungsquoten finanziell attraktiver als eine Präferenz. Weiterhin muss man sich bewusst sein, dass Präferenzen bei geringen Exitwerten zu Lasten anderer Gesellschafter gehen. Im Extremfall können sie dazu führen, dass einzelne Gesellschafter gar keinen Anteil am Exiterlös erhalten würden. Dies kann dazu führen, dass diese Gesellschafter einen Exit, der für den Investor interessant wäre, ablehnen und formell oder auch informell blockieren. Dies gilt insbesondere, wenn diese Gesellschafter im Management der Gesellschaft tätig sind.

Der richtigen rechtlichen Verankerung dieser Sonderrechte in den Verträgen mit dem Unternehmen und den Gesellschaftern kommt damit eine große Bedeutung zu. Aber auch trotz umfassender Regelungen dieser Präferenzen in den Verträgen ist die Realität häufig anders. So kommt es bei Exits oft bei den Verhandlungen mit dem potenziellen Käufer und den anderen Gesellschaftern zu davon abweichenden Verteilungen. Je mehr Gesellschafter mit unterschiedlichen Interessen an einer Gesellschaft beteiligt sind, desto schwieriger kann im Einzelfall die Durchsetzung von Exitpräferenzen sein, die einzelne Anteilseigner bevorzugen. Für diese Fallstudie soll davon ausgegangen werden, dass Exitpräferenzen auch durchgesetzt werden.

Im vorliegenden Beispiel ist der notwendige Unternehmenswert für den Erhalt der Gründermehrheit fast dreimal so hoch, wie der über Multiples ermittelte Wert. Dieser Unterschied ist für eine Kompensation durch Präferenzen

zu hoch. Die Gefahr der oben beschriebenen negativen Effekte wäre nicht vertretbar. Die Alternative wird daher nicht umgesetzt.

Zu 5.: Bei dieser Alternative wird nur ein Teil der Investitionssumme in das Eigenkapital investiert. Der Rest wird als Fremdkapital ausgereicht z.B. in Form der häufig von Venture Capital-Gesellschaften eingesetzten stillen Gesellschaft. Aufgrund des geringeren Investments in das Eigenkapital werden die Gesellschafter der Software GmbH nicht so stark verwässert. Eine mit üblichen Konditionen ausgestattete stille Gesellschaft ist aber im Exit nicht so attraktiv wie Anteile am Eigenkapital. Der so entstehende negative Effekt für die Investoren wird durch das in Alternative 4 beschriebene Instrument der Exitpräferenz ausgeglichen.

Diese Alternative bietet die besten Möglichkeiten, einen Ausgleich der verschiedenen Interessen herzustellen.

Notizen:

_____

_____

_____

_____

_____

STEFAN LEMPER | PARTNER | AURELIA PRIVATE EQUITY GMBH

54 LIQUIDATIONS-/ EXIT-PRÄFERENZEN BEI DER UNTERNEHMENSBEWERTUNG UND DER BETEILIGUNGSSTRUKTURIERUNG–EINSATZ UND AUSWIRKUNGEN

4) UMSETZUNG UND ERGEBNIS

Bei der Entwicklung der Beteiligungsstruktur handelt es sich immer um einen von intensiven Verhandlungen geprägten und iterativen Prozess, der hier nur beispielhaft dargestellt wird. Ausgangspunkt für die Strukturierung sollen die erwarteten Rückflüsse von »Neuinvestor« im Rahmen der von ihm vorgeschlagenen Beteiligungsstruktur auf Basis des Unternehmenswertes nach Multiple-Bewertung sein. *(siehe Tabelle unten)*

Im nächsten Schritt einigen sich Management und Investoren auf einen realistischen angestrebten Exitwert, dessen Erlös für den »Neuinvestor« als Grundlage zur Entwick-lung einer alternativen Beteiligungsstruktur gelten soll. Für das vorliegende Beispiel soll das ein Unternehmenswert von 20 Mio. Euro sein, der zu einem Exiterlös für »Neuinvestor« in Höhe von 4,75 Mio. Euro führen würde.

Danach legen die beiden Investoren fest, wie viel in das Eigenkapital investiert wird und wie viel als stille Gesellschaft ausgereicht werden soll. Dabei wollen beide Investoren naturge-mäß einen möglichst großen Eigenkapitalanteil haben. Je größer dieser aber ist, desto höher müsste die Unternehmensbewertung sein, die zum Erhalt der Gründermehrheit gelten müss-te. Da der »Altinvestor« im Gegensatz zum »Neuinvestor« bereits über einen signifikanten Anteil verfügt, ist er bereit, einen geringen Di-rektanteil zu übernehmen. Im Ergebnis soll der »Neuinvestor« 1 Mio. Euro direkt und 250.000 Euro als stille Gesellschaft und der »Altinves-tor« 600.000 Euro direkt und 400.000 Euro als stille Gesellschaft investieren. Die stille Gesellschaft soll mit 8% p.a. verzinst werden. Um mit einer Investition von 1,4 Mio. Euro in das Eigenkapital, die Mehrheitsrestriktion zu erfüllen, ergibt sich ein Unternehmenswert von 5,6 Mio. Post-Money bzw. entsprechende 4,2 Mio. Euro Pre-Money.

Daraus resultiert die unten stehende Grund-struktur *(siehe Tabelle 6).*

Tab. 6:

Gesellschafter	Direktinv.	Anteile	stille Ges.	Unternehmenswerte						
				5.000.000	10.000.000	15.000.000	20.000.000	25.000.000	30.000.000	50.000.000
Exiterlös Neuinvestor (bei Multiple-Bewertung)	1.250.000	23,75%	0	1.187.500	2.375.000	3.562.500	4.750.000	5.937.500	7.125.000	11.875.000

Notizen:

_____

_____

_____

_____

_____

_____

STEFAN LEMPER | PARTNER | AURELIA PRIVATE EQUITY GMBH

LIQUIDATIONS-/ EXIT-PRÄFERENZEN BEI DER UNTERNEHMENSBEWERTUNG UND DER BETEILIGUNGSSTRUKTURIERUNG–EINSATZ UND AUSWIRKUNGEN

55

Tab. 7:

Beteiligung	
Direktbeteiligung	**1.400.000 €**
- davon Neuinvestor	1.000.000 €
- davon Altinvestor	400.000 €
Stille Gesellschaft	**850.000 €**
- davon Neuinvestor	250.000 €
* - davon Altinvestor	600.000 €
Summe	**2.250.000 €**

Bewertung	
Unternehmenswert Pre-Money	4.200.000
Unternehmenswert Post-Money	5.600.000
Verwässerung	25,00%
Anteile Altgründer	50,13%

Der Unternehmenswert liegt insgesamt bei einem um 850.000 Euro geringeren Investment ins Eigenkapital rund 1,2 Mio. Euro über dem anhand der Multiples berechneten Wert. Um dem geringeren Anteil und dem Renditerisiko bei geringen Exitbewertungen Rechung zu tragen, soll die Beteiligung mit einer Exitpräferenz versehen werden. Diese soll einerseits der internen Renditeforderung von »Neuinvestor« in Höhe von 35 % p.a. bei Exitwert von 10 Mio. Euro nach drei Jahren gerecht werden; andererseits soll bei dem geplanten Exitwert von 20 Mio. Euro der gleiche Exiterlös von rund 4,75 Mio. Euro erzielt werden, wie bei der oben aufgeführten fiktiven Beteiligung auf Grundlage der Mutliple-Bewertung.

Ein solches Ergebnis wird bei einer Exitpräferenz in Höhe des 1,5-fachen des Direktinvestments erreicht. Die Beteiligungsstruktur ist in der folgenden Tabelle zusammengefasst:

Tab. 8:

Terms	
Liquidation Preference	**1,5**

Die daraus folgende Verteilung des Exiterlöses ist in der *Tabelle 9* auf der nächsten Seite dargestellt.

5) FAZIT

Die gefundene Struktur ermöglicht den gesuchten Ausgleich der Bewertungs- und Renditevorstellungen der Investoren und dem Ziel der Gründer, die Anteilsmehrheit im

Gesellschafter	Aktionärsstruktur		Beteiligung					
	GK	%	Kapita-lerh.	Agio	GK neu	%	Direkt-beteiligung	Stille Gesellschaft
Gründer A	35.650 €	22,28%			35.650 €	16,71%		
Gründer B	35.650 €	22,28%			35.650 €	16,71%		
Gründer C	35.650 €	22,28%			35.650 €	16,71%		
Business Angel	5.500 €	3,47%		0	5.500 €	2,60%		
Altinvestor	47.500 €	29,69%	15.250	384.750	62.750 €	29,41%	**400.000 €**	**600.000 €**
Neuinvestor	0 €	0,00%	38.100	961.900	38.100 €	17,86%	**1.000.000 €**	**250.000 €**
	160.000 €	100%	53.350 €	1.346.650 €	213.350 €	100,00%	1.400.000 €	850.000 €

Notizen:

STEFAN LEMPER | PARTNER | AURELIA PRIVATE EQUITY GMBH

56 LIQUIDATIONS-/ EXIT-PRÄFERENZEN BEI DER UNTERNEHMENSBEWERTUNG UND DER BETEILIGUNGSSTRUKTURIERUNG–EINSATZ UND AUSWIRKUNGEN

Unternehmen zu behalten. Bei der Verwendung von Exitpräferenzen und dem Einsatz von Fremdkapitalinstrumenten muss aber darauf geachtet werden, dass es zu keiner Demotivation der Anteilseigner kommt, wenn absehbar nur geringe Unternehmenswerte realisiert werden können. Dies gilt umso mehr für Anteilseigner, die im Unternehmen tätig sind und eine wichtige Rolle spielen.

Tab. 9:

Exitverteilung		Unternehmenswerte					
		5.000.000	10.000.000	15.000.000	20.000.000	25.000.000	30.000.000
Stille Gesellschaft Altinvestor		600.000	600.000	600.000	600.000	600.000	600.000
Stille Gesellschaft Neuinvestor		250.000	250.000	250.000	250.000	250.000	250.000
Summe stille Gesellschaften		**850.000**	**850.000**	**850.000**	**850.000**	**850.000**	**850.000**
Liquidation Preference Altinvestor		600.000	600.000	600.000	600.000	600.000	600.000
Liquidation Preference Neuinvestor		1.500.000	1.500.000	1.500.000	1.500.000	1.500.000	1.500.000
Summe Liquidation Preference		**2.100.000**	**2.100.000**	**2.100.000**	**2.100.000**	**2.100.000**	**2.100.000**
Frei zur Restverteilung		2.050.000	7.050.000	12.050.000	17.050.000	22.050.000	27.050.000
Gründer jeweils	16,71%	342.547	1.178.029	2.013.511	2.848.992	3.684.474	4.519.955
Business Angel	2,60%	53.328	183.396	313.464	443.532	573.600	703.668
Altinvestor	29,41%	1.802.941	3.273.529	4.744.118	6.214.706	7.685.294	9.155.882
Neuinvestor	17,86%	2.116.089	3.008.988	3.901.887	4.794.786	5.687.685	6.580.584
Summe		**5.000.000**	**10.000.000**	**15.000.000**	**20.000.000**	**25.000.000**	**30.000.000**

6) FRAGEN UND AUFGABEN

Verständnisfragen

1. Welche Faktoren sind bei der Verwendung von Multiples für die Unternehmensbewertung zu berücksichtigen?

2. Warum lässt sich bei der Software GmbH kein EBIT-Multiple anwenden?

3. Welchen Einfluss hat das Beteiligungsvolumen auf den Unternehmenswert?

4. Wie wirken Liquidations-/Exitpräferenzen?

5. Welche Vor- und Nachteile haben Liquidations-/Exitpräferenzen?

Transferfragen

1. Was ist die Nettofinanzverschuldung und wie ist sie bei der Verwendung von Multiples zu berücksichtigen?

2. Welche Rolle spielt die Zeit bei der Verwendung von Mulitples?

3. Worin liegt der Wirkungsunterschied zwischen einer Liquidations-/Exitpräferenz und einer stillen Gesellschaft?

4. Um wie viel muss sich aus Sicht der Gründer der Unternehmenswert durch die Finanzierung erhöhen, wenn er heute einen Verkaufserlös von 9 Mio. Euro erreichen könnte?

5. Wie groß ist der IRR des »Neuinvestors« bei einem Exiterlös von 25 Mio. Euro?

Notizen:

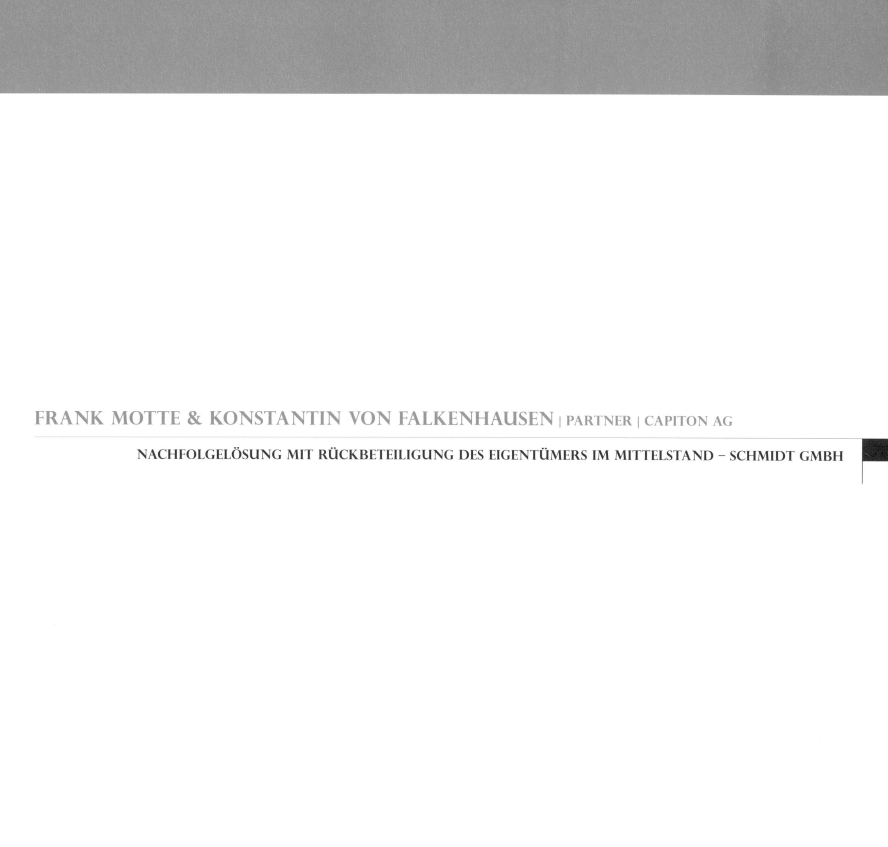

FRANK MOTTE & KONSTANTIN VON FALKENHAUSEN | PARTNER | CAPITON AG

NACHFOLGELÖSUNG MIT RÜCKBETEILIGUNG DES EIGENTÜMERS IM MITTELSTAND – SCHMIDT GMBH

Für einen zukünftig stark wachsenden Automobilzulieferer, die Schmidt GmbH, mit inhomogenen Produktbereichen sollte für eine Nachfolgelösung mit einem kompletten Anteilsverkauf eine Lösung parallel zu einer hohen Investitionsfinanzierung gefunden werden. Aufgrund der hohen Planunsicherheit war für eine aktuelle Unternehmensbewertung kein Konsens mit dem Eigentümer, Herrn Lange, zu finden und zu finanzieren. Durch eine Kombination aus MBO (Management-Buyout) mit Finanzinvestoren, LBO (Leverage-Buyout) und Wachstumsfinanzierung mit Banken und einem erfolgsabhängigen Owner-Buy-Back, konnte eine tragfähige Lösung gefunden werden.

1) DAS UNTERNEHMEN

Gegründet nach dem 2. Weltkrieg, entwickelte sich die Schmidt GmbH in den Jahren des Wirtschaftswunders sehr dynamisch. Das Unternehmen war ursprünglich als breit aufgestellter Metallverarbeiter gegründet worden.

Allerdings tauchten mit dem zügigen Wachstum erste Probleme auf, die aber durch den Gründer gemeistert werden konnten. Dies verstärkte sich allerdings als die Nachfolgegeneration in die Unternehmensführung aufrückte. Diese Probleme mündeten Ende der Achtziger Jahre in einer schweren Unternehmenskrise, in der die Banken zunehmend das Unternehmensgeschick der Schmidt GmbH bestimmten.

Augrund des Drucks der Banken trat die Familie aus der Geschäftsführung aus und ein erfahrener Manager aus der Autozulieferindustrie, Herr Lange, übernahm die Geschäfsführung. Im Rahmen der Übernahme der Geschäfsführung wurde Herr Lange auch wesentlich am Unternehmen beteiligt. Durch Fokussierung auf die Kernkompetenzen und den daraus resultierenden Produkten, gelang Herrn Lange nicht nur ein sehr erfolgreicher Turnaround, sondern das Unternehmen konnte auch stark wachsen. Im Zuge dieser Entwicklung kaufte Herr Lange in mehreren Schritten die Anteile

der Altgesellschafter aus und wurde so schlussendlich zum Alleingesellschafter.

Nach dem Auskauf der Altgesellschafter konnte die Schmidt GmbH aufgrund innovativer Produktentwicklungen weiter wachsen und erreichte in einer Produktgruppe einen europaweiten Marktanteil von 20%. Die dafür notwendigen Investitionen wurden aus dem eigenen Cash Flow und durch klassische Bankenkredite finanziert.

Da das Unternehmen zwei unterschiedliche Kernkompetenzen hatte, entstanden zwei unterschiedliche Geschäftsbereiche, die Herr Lange auch zu eigenständigen organisatorischen und rechtlichen Einheiten ausbaute:
1. Die Zerspanung und Bearbeitung von Getriebeteilen und 2. die Herstellung von Kabelsystemen. Die beiden Geschäftsbereiche hatten nicht nur unterschiedliche Fertigungsmethoden, sondern auch unterschiedliche Kunden und Entwicklungs- und Produktzyklen. Beide Geschäftsbereiche machen heu-

Notizen:

te jeweils ca. 50% des Gesamtumsatzes der Schmidt GmbH von ca. 230 Mio. Euro im Jahr 2005 aus (*siehe Tabelle unten*).

2) DIE AUSGANGSLAGE

Aufgrund der kontinuierlichen Verbesserung der Ergebnissituation der Schmidt GmbH wurden die Käufe der Anteile der Altgesellschafter durch Herrn Lange immer teurer und konnten deshalb nicht dauerhaft aus dem eigenen Vermögen und der laufenden Vergütung von Herrn Lange bezahlt werden. Der Kauf der letzten Tranche von 30% im Jahr 2003 wurde ausschließlich über Bankkredite finanziert, deren Zins und Tilgung durch Ausschüttungen der Schmidt GmbH bezahlt werden sollten.

Andererseits war es aber Herrn Lange und seinem Management Team gelungen, in den Jahren 2003 und 2004 die Produktpalette durch einen hohen Aufwand an Forschung und Entwicklung zu überarbeiten. Diese Pro-

Tab. 1: *Ist- und Planzahlen*

	Geschäftsbereich Zerspanung								Geschäftsbereich Kabelbäume								Konsolidierung Kabelbäume und Zerspanung							
	Ist-Zahlen				Plan-Zahlen (lt. Verkäufer)				Ist-Zahlen				Plan-Zahlen (lt. Verkäufer)				Ist-Zahlen				Plan-Zahlen (lt. Verkäufer)			
	2001	2002	2003	2004	2005	2006	2007	2008	2001	2002	2003	2004	2005	2006	2007	2008	2001	2002	2003	2004	2005	2006	2007	2008
Umsatz	73,7	87,6	75,2	83,3	101,0	120,6	150,2	172,7	66,0	69,0	81,8	99,2	129,0	165,0	208,5	239,8	139,7	156,6	156,9	182,4	230,0	285,6	358,7	412,4
Umsatzwachstum		18,9%	-14,2%	10,8%	21,3%	19,5%	24,5%	15,0%		4,5%	18,5%	21,3%	30,1%	27,9%	26,4%	15,0%		12,1%	0,2%	16,3%	26,1%	24,2%	25,6%	15,0%
Rohertrag	35,7	40,2	37,6	38,4	45,2	54,4	67,0	77,0	36,1	34,2	42,0	46,8	61,3	80,2	99,5	114,4	71,8	74,4	79,6	85,2	106,5	134,6	166,4	191,4
Rohmarge	48,5%	45,9%	50,0%	46,1%	44,8%	45,1%	44,6%	44,6%	54,7%	49,6%	51,4%	47,2%	47,5%	48,6%	47,7%	47,7%	54,7%	49,6%	51,4%	47,2%	47,5%	48,6%	47,7%	47,7%
EBITDA	9,7	9,0	9,3	10,7	14,4	16,7	21,2	24,3	10,5	9,5	14,6	17,7	23,6	31,7	39,2	40,7	20,2	18,4	23,9	28,4	38,0	48,4	60,4	65,0
EBITDA-Marge	13,1%	10,3%	12,4%	12,8%	14,3%	13,9%	14,1%	14,1%	14,3%	13,7%	17,8%	17,9%	18,3%	19,2%	18,8%	18,8%	27,4%	11,8%	15,2%	15,5%	16,5%	16,9%	16,8%	16,8%
Abschreibungen	3,3	3,3	3,6	3,5	5,4	6,0	5,7	6,0	5,0	4,8	5,0	7,4	8,9	11,0	12,3	13,5	8,3	8,1	8,6	10,8	14,3	17,0	18,0	19,5
EBIT	6,4	5,7	5,7	7,2	9,0	10,7	15,5	18,3	5,6	4,7	9,6	10,4	14,7	20,7	26,9	27,2	11,9	10,3	15,3	17,6	23,7	31,4	42,4	45,5
EBIT-Marge	8,7%	6,5%	7,6%	8,6%	8,9%	8,9%	10,3%	10,6%	7,5%	5,3%	12,8%	12,4%	14,6%	17,2%	17,9%	15,7%	16,2%	11,8%	20,4%	21,1%	23,5%	26,1%	28,2%	26,3%
Working Capital	19,7	15,9	13,7	15,0	18,3	21,8	27,2	31,2	11,6	12,6	12,8	15,6	20,1	25,6	32,9	36,4	31,2	28,5	26,5	30,6	38,4	47,3	60,1	67,7
in % vom Umsatz	26,7%	18,2%	18,2%	18,0%	18,1%	18,0%	18,1%	18,1%	17,5%	18,3%	15,7%	15,7%	15,6%	15,5%	15,8%	15,2%	17,5%	18,3%	15,7%	15,7%	15,6%	15,5%	15,8%	15,2%
Investitionen	6,3	10,1	8,6	10,5	12,3	14,3	18,9	16,0	9,5	12,6	11,5	10,2	9,3	10,5	6,0	7,0	15,8	22,7	20,1	20,7	21,6	24,8	24,9	23,0

Notizen:

dukte wurden durch die Kunden der Schmidt GmbH gut angenommen und resultierten in einer Vielzahl von zukünftigen langlaufenden Aufträgen, die ab dem Jahr 2005 anlaufen sollten. Zusätzlich wurde Herrn Lange signalisiert, dass die Produkte zukünftig in wachsendem Maße bei den Kunden berücksichtigt werden würden. Da die Produktionskapazität der Schmidt GmbH begrenzt war, war abzusehen, dass in den kommenden vier Jahren mit hohen Investitionen zu rechnen sein würde, die den zur Verfügung stehenden Cash Flow, nach den für Herrn Lange notwendigen Ausschüttungen zur oben genannten Kaufpreisfinanzierung, stark strapazieren würden. Liquiditätsengpässe im Zusammenhang mit der Wachstumsfinanzierung waren deshalb für die kommenden Jahre abzusehen.

Zudem hatte Herr Lange ein Alter von 65 Jahre erreicht und keiner seiner Söhne wollte die Unternehmensführung übernehmen, so dass eine Nachfolgelösung zu finden war.

Herr Lange hatte diese Problematik bereits früh erkannt und bereits in den späten 90er Jahren eine Geschäftsleitung, bestehend aus drei Führungskräften, zusammengestellt. Er hatte dabei Führungskräfte für die beiden Geschäftsbereiche sowie einen starken kaufmännischen Leiter eingestellt. Um die Nachfolge in der Geschäftsleitung einzuleiten, hatte sich Herr Lange ab dem Jahr 2000 sukzessive aus der Geschäftsführung zurückgezogen und sich immer mehr als Coach der neuen Geschäftsleitung verstanden. Er nahm nicht mehr an Geschäftsleitungssitzungen teil und war nur noch zwei Tage pro Woche vor Ort im Unternehmen. Er sah sich in der angelsächsischen Rolle des Non-Executive Chairmans. Zu diesem Rückzug gehörte auch die Übertragung der Kundenkontakte auf die Leiter der jeweiligen Geschäftsbereiche.

Auch wenn die Schritte zur Lösung der Nachfolgeproblematik logisch und zielgerichtet waren, blieb die Tatsache, dass Herr Lange als Alleingesellschafter nach wie vor die letzte Instanz in der Firma blieb, und das Führungsteam sich schwer tat, sich als vollumfängliche Geschäftsleitung der Schmidt GmbH zu begreifen. Zusätzlich sah das Managementteam die Notwendigkeit, die Gesellschaft mit zusätzlichem Kapital auszustatten, um das weitere Wachstum zu finanzieren. Diese zusätzliche Erhöhung des Risikos durch weitere Kredite lag nicht im Interesse von Herrn Lange, der zuerst seine persönlichen Kredite tilgen wollte. Dieser Interessenskonflikt gefährdete das Wachstum des Unternehmens und die mittelfristige Anbindung der Geschäftsleitung an das Unternehmen.

3) LÖSUNGSALTERNATIVEN

a) Verkauf an einen Tier 2- Automobilzulieferer

Der Verkauf der Anteile der Schmidt GmbH an einen Mitbewerber wäre die natürlichste Lösung gewesen. Das Unternehmen selbst war aber bereits europäischer Marktführer in seinen beiden Geschäftsbereichen, so dass es

Notizen:

europaweit keinen größeren oder gleichgroßen Mitbewerber gab, der die Kombination aus Kaufpreis und Wachstum hätte finanzieren können. Zudem war das Unternehmen bei vielen Automobilherstellern und Tier 1-Zulieferern bereits mit bis zu 70 % bei den relevanten Produkten vertreten, so dass ein gleich gelagerter Zulieferer hätte sicher sein können, Aufträge zu verlieren, da die Kunden sich nicht in eine 100 %-Abhängigkeit begeben hätten.

Auch mittelständische Zulieferer, die ihre Produktpalette erweitern wollten und bisher in den Feldern des Unternehmens nicht aktiv waren, wurden durch die Kombination aus Anteilskauf und notwendiger Wachstumsfinanzierung bei den eigenen engen Margen und Finanzierungsnotwendigkeiten abgeschreckt.

b) Verkauf an einen Tier 1-Automobilzulieferer

Viele Produkte des Unternehmens werden nicht direkt an die Automobilhersteller, sondern an Tier 1-Zulieferer verkauft. Somit waren Tier 1-Zulieferer eigentlich logische Käufer, die auch die notwendige Finanzkraft gehabt hätten, um die Anteile der Schmidt GmbH zu kaufen.

Probleme ergaben sich aber in zweifacher Hinsicht: Erstens wären der Schmidt GmbH Kunden verloren gegangen, da das Unternehmen derzeit auch an konkurrierende Tier 1-Hersteller liefert und diese nach einer Akquisition sicherlich ihre Aufträge kritisch evaluiert hätten. Damit würde sich der zukünftige Umsatz und Ertrag des Unternehmens reduzieren. Dies hätte ein Tier 1-Zulieferer in seine Bewertung einbezogen und den Kaufpreis entsprechend vermindert. Der daraus resultierende Kaufpreis wäre für Herrn Lange keine attraktive Lösung gewesen.

Zweitens waren die beiden Geschäftsbereiche und ihre Produkte so verschieden, dass sie auch nur für unterschiedliche Tier 1-Zulieferer interessant gewesen wären. Die steuerliche Struktur der Unternehmensgruppe war aber für einen Einzelverkauf ungünstig angelegt, so dass der Nettoverkaufpreis eines Geschäftsbereiches für Herrn Lange unattraktiv geworden wäre.

Abb. 1: Unternehmensstruktur vor der Transaktion

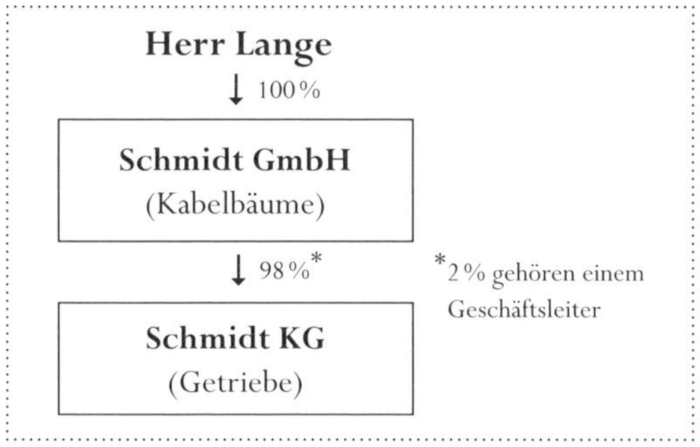

Herr Lange
↓ 100 %

Schmidt GmbH
(Kabelbäume)

↓ 98 %*   *2 % gehören einem Geschäftsleiter

Schmidt KG
(Getriebe)

c) Verkauf an das Management mit Bankenfinanzierung

Nachdem ein Verkauf an einen oder mehrere strategische Käufer realistisch nicht in Frage kam, wurde eine interne Lösung untersucht. Das unternehmerisch denkende Management war einer Beteiligung und damit einem internen Kauf nicht abgeneigt. Sie kannten das Unternehmen schon mehrere Jahre und konnten als einzige potenzielle Käufergruppe die Er-

Notizen:
_____
_____
_____
_____
_____
_____

tragsperspektiven und die Realisierbarkeit der Unternehmensplanung, die für den Verkauf aufgestellt worden war, am realistischsten einschätzen. An einem der beiden Geschäftsbereiche war einer der Manager auch bereits seit einigen Jahren minderheitlich beteiligt.

Aufgrund der guten Wachstumsaussichten und der zahlreichen neu anlaufenden Langfristaufträge war der Kaufpreis für das Unternehmen aber mit den finanziellen Mitteln der Manager, auch mit einer Bankfinanzierung, nicht darstellbar. Zudem erwirtschaftet das Unternehmen in den ersten Jahren nach der Transaktion durch die hohen Vorlaufinvestitionen einen geringen positiven Cash Flow, so dass eine Bedienung der für einen Kauf notwendigen sehr hohen Fremdfinanzierung überhaupt nicht möglich gewesen wäre.

Auch die Erweiterung dieser Alternative um ein Sale-and-Lease-Back der bisher im Unternehmenseigentum befindlichen Betriebsimmobilien löste dies nur teilweise, da sich damit Bilanzrelationen für Bankkredite verschlechterten.

d) Management-Buyout mit einem Finanzinvestor

Damit rückte die Lösung eines Management-Buyouts zusammen mit einem Finanzinvestor in den Vordergrund. Hierbei sollte das Management eine Minderheit zu einem reduzierten Kaufpreis übernehmen (Management Equity), der Finanzinvestor größere Teile des Kaufpreises mit Eigenkapital finanzieren und nur der verbleibende Teil mit Bankfinanzierungen abgedeckt werden.

Problematisch in diesem Zusammenhang erwies sich eine Bewertung des Unternehmens, die konsensfähig zwischen Käufer und Verkäufer war, da der größte Teil des Unternehmenswertes auf den künftig branchenunüblich deutlich steigenden Erträgen basieren musste. Der Finanzinvestor und der Alleingesellschafter konnten sich über eine Bewertung dieser Zukunftsperspektiven und dem daraus resultierenden Unternehmenswert daher nicht endgültig einigen.

e) Management-Buyout mit einem Finanzinvestor in Verbindung mit einer Rückbeteiligung von Herrn Lange

Nachdem die Verhandlungen über den MBO mit dem Finanzinvestor zwar begonnen aber keine tragfähige Lösung gefunden werden konnte, wurde eine verfeinerte Alternative entwickelt:

Um das Vertrauen der Käufer in die Eintrittswahrscheinlichkeit der Unternehmensplanung zu erhöhen, einigten sich der Finanzinvestor und Herr Lange, dass Herr Lange sich mit 18% an der neuen Gesellschaft beteiligen würde. Herr Lange würde damit wieder erhebliche ihm aus der Transaktion zufließende Mittel in die Gesellschaft einbringen und so sein Zutrauen zu der dem Käufer vorgestellten Planung dokumentieren. Der bisher an einer Tochtergesellschaft beteiligte Manager war ebenfalls bereit, nicht nur den ihm durch den Verkauf seiner Anteile in die Gesamtgruppe zufließenden Erlös, sondern auch darüber hinaus noch weitere Mittel in die Transaktion zu investieren.

Notizen:

Abb. 2: Unternehmensstruktur nach der Transaktion

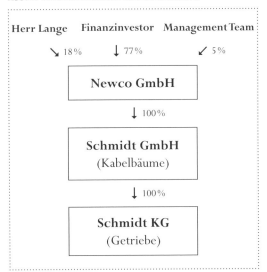

Zusätzlich zu dieser vertrauensbildenden Maßnahme wurde gemeinsam eine Struktur entwickelt, die es dem Alleingesellschafter erlaubte überproportional an der Entwicklung des Unternehmens zu partizipieren (Earn-Out), wenn die stark wachsende Planung eingehalten würde. Diese erfolgsabhängige Vergütung wurde wie folgt ausgestaltet:

1. Bei Erreichung von definierten Höhen des Unternehmensgewinns erhält der Altgesellschafter pro erreichte 1 Mio. Euro Gewinnsteigerung zusätzlich 1 % der Unternehmensanteile. Bei Erreichung von 90 % der ambitionierten Unternehmensplanung kann der Verkäufer bis zu 12 % zusätzliche Anteile erhalten.

2. Bei Überschreitung einer Mindestrendite für das Kapital der Finanzinvestoren partizipiert der Verkäufer zusätzlich zu einem Teil an dieser »Überrendite«.

Herr Lange erhält einen Beiratssitz und zu Beginn dessen Vorsitz. Damit ist er mit begrenztem Zeitaufwand, den er im Rahmen der Nachfolge beabsichtigte, tätig, hat aber weiterhin einen Blick auf das Unternehmen und eine zumindest begrenzte Kontrolle über die zukünftige Unternehmensentwicklung. Damit ist die Erreichung der vereinbarten Erfolgsziele durch ihn direkt kontrollierbar und teilweise steuerbar.

Insgesamt bedeutet dies aus Sicht von Herrn Lange, dass er bei einem erfolgreichen Wachstum seines bisherigen Unternehmens den doppelten Kaufpreis erreichen können wird, als in der jetzigen Transaktion bezahlt wird. Der Finanzinvestor muss dafür bei Erfolg des Unternehmens auf einen Teil der Rendite verzichten, ist dafür aber in seinem Risiko durch den erniedrigten Unternehmenswert bei Transaktionsabschluss gegen stagnierende Entwicklungen besser abgesichert als in einer Transaktion ohne diese Mechanismen.

Zur Lösung des Problems der Akquisitionsfinanzierung, in Kombination mit dem für das Wachstum notwendige Kapital, wurde mit einer finanzierenden Bank eine Kombination von 1. einer Akquisitionsfinanzierung, die von Anfang an getilgt werden muss, mit 2. einer klassischen Working Capital-Finanzierung in Form eines klassischen Kontokorrentkredits in konstant gleicher Höhe und 3. einer bei Bedarf abrufbaren Investitionsfinanzierung, die den Investitionsbedarf der nächsten vier Jahre

Notizen:

deckt, strukturiert. Damit sind auch die klassischen Finanzierungsregeln erfüllt, da die Bausteine jeweils separat und für sich auch tilgungsgerecht finanziert sind. Voraussetzung dafür war aber der Eintritt der Finanzinvestoren, da durch diese ein erheblicher Teil mit Eigenkapital finanziert werden kann und damit eine solide und ratinggerechte Bilanzstruktur erzielt wird.

4) UMSETZUNG

So einfach sich diese Variante liest, so komplex ist sie in der vertraglichen Gestaltung. Wie wird der Unternehmensgewinn definiert, so dass möglichst keine Manipulationsmöglichkeiten bestehen? Durch wen wird der Unternehmensgewinn errechnet und wie lange wirkt sich eine Gewinnsteigerung auf die Anteile des Verkäufers aus? Wie werden die Gewinnziele bei Teilverkäufen oder Zukäufen angepasst? Was passiert wenn der Unternehmensgewinn nach einer anfänglichen Steigerung und der damit verbundenen Übertragung von Anteilen sinkt?

Die Umsetzungshindernisse dieser Lösung sind die vertraglichen Vereinbarungen, die findiger aber gleichzeitig zielgerichteter Anwälte auf beiden Seiten bedürfen. Ansonsten scheitert die Variante an den Vertragsdetails.

Damit wird deutlich, dass die Gestaltung im Rahmen der Verkaufsverhandlungen deutlich mehr Zeit benötigt als eine einfache, direkte Lösung. Dies stellte auch im vorliegenden Fall die Nerven aller Beteiligten auf eine Belastungsprobe und verzögerte den Vertragsabschluss.

Schon kurz nach der Umsetzung ergaben sich durch mögliche Veränderungen der Unternehmensstrukturen erste Anpassungsnotwendigkeiten. Dies zeichnet sich als klarer Nachteil der Variante ab: Statt eines klaren Schnitts, sind Käufer und Verkäufer noch einige Jahre nach der Transaktion aneinander gebunden. Dies schränkt gegebenenfalls zukünftige Handlungsspielräume des Käufers und des neuen Managements ein.

5) FAZIT

Die unterschiedlichen Bewertungsvorstellungen von Unternehmenskäufer und Investoren lassen sich häufig bei einem fixen Kaufpreis zum Transaktionszeitpunkt nicht lösen. Variable Kaufpreiszahlungen, abhängig von einem zukünftigen Unternehmensgewinn, den der Verkäufer nicht beeinflussen kann, sind für ihn häufig unerwünscht. Somit stellt die vorgestellte Alternative, die dem Verkäufer eine Anteilserhöhung bei erreichten fixen Gewinnhöhen (und nicht in % der Planung) ermöglicht, verbunden mit der eigenen, wenn auch begrenzten, Tätigkeit im Unternehmen eine sehr attraktive Lösung dar.

Diese Variante stellt aber sicherlich erhöhte Ansprüche, nicht nur an das Transaktionsverständnis von Investoren, sondern insbesondere auch an das des Verkäufers und seiner Berater. Daher sollte es möglichst frühzeitig im Kaufprozess diskutiert und durch ausführliche Berechnungen und Zahlenbeispiele verständlich gemacht werden. Zudem ist auf Seiten

Notizen:

der beteiligten Anwälte frühzeitig an den komplexen Regelungen zu arbeiten und auch mögliche Sonderfälle (z.B. Verkauf früher als geplant, Verkauf von Teileinheiten, Refinanzierung der Transaktion) einzubeziehen.

Dies ist wahrscheinlich der wichtigste Ratschlag überhaupt: Kaufgestaltungen sind nur dann sinnvoll, wenn sie der Verkäufer a) versteht und b) als vorteilhaft empfindet. Und daran wird im Eifer des Unternehmenskaufes und der dabei notwendigen Due Diligence-Prüfungen und Vertragserstellungen häufig nicht genug gedacht.

6) FRAGEN UND AUFGABEN

1. Beschreiben Sie aus Ihrer Sicht mögliche Lösungen für die Probleme der Gestaltung der Rückbeteiligung und der Erfolgsbeteiligung.

2. Beschreiben Sie die Probleme, die sich für den Finanzinvestor aus der Rückbeteiligung des Verkäufers ergeben. Wie muss die Corporate Governance der Gesellschaft aus Sicht des Finanzinvestors ausgestaltet sein?

3. Wie sollte, aus Sicht des Finanzinvestors, die Strategie aussehen, um einen getrennten Verkauf der beiden Geschäftsbereiche steueroptimal und organisatorisch einfach zu ermöglichen?

4. Wie kann die Struktur der einzelnen Finanzierungskomponenten für die Transaktion aussehen? Welche Banken kommen für eine solche Finanzierung in Frage?

5. Wie muss das Unternehmen strukturell und strategisch positioniert sein, damit der Finanzinvestor den Exit über einen Verkauf an ein Unternehmen der Branche realisieren kann?

6. Auf welche Arten von mittelständischen Unternehmen ist die gefundene Transaktionsstruktur noch übertragbar?

7. Der Investor kauft die Schmidt GmbH mit einem Abschlag gegenüber dem Fair Value und gibt dafür einen Teil der potenziellen Wertentwicklung an den Verkäufer ab. Wie hoch muss der Abschlag bzw. die Earn-Out-Komponente sein, damit sich diese Struktur für den Käufer lohnt?

Notizen:

DR. JOACHIM DIETRICH | RECHTSANWALT | CMS HASCHE SIGLE

VERKÄUFER IN NÖTEN

Die Fallstudie beschäftigt sich mit einem typischen Problem der Private Equity-Branche, nämlich der Behandlung der Verkäufer-Gewährleistungen beim Exit.

1) EINLEITUNG

Private Equity-Investoren (PE-Investoren) erwerben, zumeist gemeinsam mit einem Management-Team, Beteiligungen an Unternehmen mit dem Ziel, sie nach einer gewissen Zeit, regelmäßig im Rahmen eines Verkaufs (Trade Sale), gemeinsam mit dem Management-Team wieder abzugeben (Exit). Idealerweise resultiert aus dem Exit sowohl für den PE-Investor als auch für das Management-Team ein möglichst hoher Erlös. Die Höhe des Erlöses wird maßgeblich durch die von Seiten des PE-Investors bzw. Management-Teams gegenüber dem Käufer abgegebenen Gewährleistungen bestimmt. Dementsprechend stellt sich bei praktisch jedem Trade Sale die Frage, ob und in welchem Umfang der PE-Investor und das Management-Team gegenüber dem Käufer Ge-

währleistungen abgeben bzw. ihr aus den Gewährleistungen resultierendes Haftungsrisiko reduzieren können.

Sowohl der PE-Investor als auch das Management-Team werden regelmäßig daran interessiert sein, das aus dem Exit, insbesondere aus den Gewährleistungen resultierendes Risiko so gering wie möglich zu halten, ohne dadurch jedoch signifikant an Erlös einzubüßen. Das Management-Team wird zusätzlich auf eine grundsätzliche Gleichbehandlung sämtlicher Verkäufer Wert legen. Der Käufer hingegen wird stets daran interessiert sein, die der Ermittlung des Kaufpreises zugrunde liegenden Annahmen durch umfassende Gewährleistungen sämtlicher Verkäufer abzusichern. Eingeschränkte oder gar keine Gewährleistungen wird er, wenn überhaupt, nur bei einem erheblich reduzierten Kaufpreis akzeptieren.

Besonders schwierig wird es, wenn der PE-Investor an dem Unternehmen zwar eine Mehrheitsbeteiligung hält und erheblich in das operative Geschäft eingebunden war, es jedoch im Grundsatz ablehnt, umfassende Gewährleistungen abzugeben. Gleiches gilt für den der Studie zugrunde liegenden umgekehrten Fall, dass der PE-Investor trotz einer Minderheitsbeteiligung bzw. nur sehr eingeschränkten Einbindung in das operative Geschäft umfassende Gewährleistungen abgeben soll.

Im Einzelnen stellte sich die Ausgangssituation wie folgt dar:

2) AUSGANGSSITUATION

Ein PE-Investor hält in Folge einer Wachstumsfinanzierung gemeinsam mit dem Management-Team sämtliche Geschäftsanteile an einer kleineren mittelständischen GmbH (GmbH). Der PE-Investor hält 30% des Stammkapitals, wobei die verbleibenden 70% vom Management-Team gehalten werden. Der PE-Investor war in der Vergangenheit nur sehr eingeschränkt in das operative Geschäft der GmbH eingebunden.

Sowohl der PE-Investor als auch das Management-Team möchten das Unternehmen ver-

Notizen:

_____

_____

_____

_____

_____

_____

kaufen. Der potenzielle Käufer ist bereit, für den Erwerb des Unternehmens einen attraktiven Kaufpreis zu zahlen, verlangt jedoch im Gegenzug umfassende Gewährleistungen. Regelungen, die die Gewährleistungen wirtschaftlich einschränken, würde der Käufer nur gegen eine erhebliche Reduzierung des Kaufpreises hinnehmen. Hingegen ist der Käufer bereit, Regelungen zu akzeptieren, die die Gewährleistungen der Verkäufer zwar rechtlich, aber nicht wirtschaftlich einschränken.

Dem PE-Investor ist es entsprechend seiner Statuten nicht grundsätzlich verboten, im Rahmen eines Exit Gewährleistungen abzugeben. Allerdings steht der PE-Investor auf dem Standpunkt, dass seine Minderheitsbeteiligung und die nur geringe Einbindung in das operative Geschäft die Abgabe von umfassenden Gewährleistungen nicht rechtfertigen. Das Management-Team vertritt hingegen die Ansicht, dass sämtliche Verkäufer hinsichtlich der Gewährleistungen zumindest wirtschaftlich gleich behandelt werden müssen.

Die der Wachstumsfinanzierung zugrunde liegenden Beteiligungsverträge enthalten keine Regelungen darüber, welche Gewährleistungen von Seiten des PE-Investors bzw. des Management-Teams im Rahmen eines Trade Sale abzugeben sind. Der Käufer verlangt vom PE-Investor und dem Management-Team einen einheitlichen Vorschlag bezüglich der Behandlung der Verkäufer-Gewährleistungen.

3) LÖSUNG

Die Problematik der Verkäufer-Gewährleistungen beim Exit eines PE-Investors kann unterschiedlich gelöst werden. Zahlreiche Ansätze mit ganz unterschiedlichen Vor- bzw. Nachteilen sind denkbar. Insbesondere folgende Lösungsansätze sind nahe liegend *(siehe Tabelle)*.

Notizen:

LÖSUNGSANSATZ A
■ Das Unternehmen der GmbH wird im Wege eines Verkaufs sämtlicher Aktiva und Passiva bzw. sonstiger Vermögensgegenstände der GmbH (Asset Deal) verkauft. Die GmbH als Verkäuferin gibt die vom Käufer gewünschten umfassende Gewährleistungen ab.
Vorteile
■ Das aus den Gewährleistungen resultierende Haftungsrisiko obliegt an sich allein der GmbH als Verkäuferin.
Nachteile
■ Der Käufer steht vor dem Problem, dass Schuldner der Gewährleistungen die Verkäuferin, d.h. die GmbH ist und die GmbH nach Ausschüttung des Erlöses aus dem Trade Sale an ihre Gesellschafter möglicherweise nicht mehr solvent ist. Dieses Risiko wird der Käufer nur gegen entsprechende Sicherheiten bzw. Reduzierung des Kaufpreises hinnehmen.
■ Ein Asset Deal ist, da nicht lediglich Geschäftsanteile, sondern die einzelnen Aktiva und Passiva verkauft und übertragen werden, strukturell schwieriger zu gestalten als ein Share Deal.
■ Der Erlös des Trade Sale fließt nicht unmittelbar dem PE-Investor und dem Management-Team zu, sondern muss erst noch, sei es im Rahmen einer Dividendenzahlung, sei es im Rahmen der Liquidation der GmbH, ausgeschüttet werden.
■ Die Liquidation der GmbH ist zeitaufwendig und teuer. Bis zum Ablauf der Gewährleistungsfristen ist die Liquidation praktisch ausgeschlossen.

LÖSUNGSANSATZ B

- Das Unternehmen der GmbH wird im Wege eines Verkaufs sämtlicher von der GmbH ausgegebenen Geschäftsanteile (Share Deal) verkauft. Der PE-Investor und das Management-Team geben nur sehr einschränkt Gewährleistungen ab.

Vorteile

- Das aus den Gewährleistungen resultierende Haftungsrisiko obliegt zwar dem PE-Investor und dem Management-Team, wird jedoch durch die eingeschränkte Reichweite der Gewährleistungen erheblich reduziert.

- Der PE-Investor und das Management-Team werden - bei jeweils geringem Haftungsrisiko - rechtlich und wirtschaftlich gleich behandelt, so dass diesbezügliche Auseinandersetzungen innerhalb der Verkäufer nicht zu erwarten sind.

Nachteile

- Die eingeschränkte Reichweite der Gewährleistungen wird zu einer nicht unerheblichen Reduzierung des Kaufpreises führen.

LÖSUNGSANSATZ C

- Wie B, allerdings gibt das Management-Team die vom Käufer gewünschten umfassenden Gewährleistungen ab, wohingegen der PE-Investor nur sehr eingeschränkt Gewährleistungen abgibt.

Vorteile

- Das aus den Gewährleistungen resultierende Haftungsrisiko des PE-Investors wird reduziert.

Nachteile

- Die eingeschränkte Reichweite der Gewährleistungen wird zu einer nicht unerheblichen Reduzierung des Kaufpreises führen.

- Der PE-Investor und das Management-Team werden rechtlich und wirtschaftlich ungleich behandelt, so dass diesbezügliche Auseinandersetzungen innerhalb der Verkäufer zu erwarten sind.

LÖSUNGSANSATZ D

- Wie C, allerdings wird zusätzlich vom Käufer ein Teil des Kaufpreises auf ein Treuhandkonto eingezahlt. Der eingezahlte Betrag dient für einen gewissen Zeitraum als Sicherheit für sämtliche Gewährleistungen. Wenn und soweit der Käufer das Treuhandkonto in Anspruch nimmt, ist ein Rückgriff der Investoren auf das Management-Team nur insoweit zulässig, als das Management-Team vorsätzlich oder grob fahrlässig unrichtige Gewährleistungen abgegeben hat.

Vorteile

- Der Käufer wird durch das Treuhandkonto geschützt, so dass zumindest eine erhebliche Reduzierung des Kaufpreises nicht zu befürchten ist.

- Der PE-Investor gibt formal nur sehr eingeschränkt Gewährleistungen ab und ist durch das Recht zum Rückgriff auf das Management-Team in einem gewissen Umfang zusätzlich geschützt.

- Der PE-Investor nimmt, soweit ein Rückgriff nicht zulässig ist, in einem gewissen Umfang am Haftungsrisiko des Management-Teams teil, so dass der PE-Investor und das Management-Team insofern zwar nicht rechtlich, aber doch wirtschaftlich gleich behandelt werden.

Nachteile

- Der PE-Investor haftet wirtschaftlich in einem gewissen Umfang mit dem ihm zustehenden Teil des Kaufpreises auf dem Treuhandkonto.

- Das Treuhandkonto verursacht zusätzliche Kosten.

Notizen:

LÖSUNGSANSATZ E

- Wie B, allerdings geben sowohl der PE-Investor als auch das Management-Team die vom Käufer gewünschten umfassenden Gewährleistungen ab.

Vorteile

- Der Käufer erhält umfassende Gewährleistungen sämtlicher Verkäufer, so dass eine Reduzierung des Kaufpreises nicht zu befürchten ist.

- Der PE-Investor und das Management-Team werden rechtlich und wirtschaftlich gleich behandelt, so dass diesbezügliche Auseinandersetzungen innerhalb der Verkäufer nicht zu erwarten sind.

Nachteile

- Der PE-Investor und das Management-Team gehen ein nicht unerhebliches Haftungsrisiko ein.

Notizen:

_____

_____

_____

_____

_____

LÖSUNGSANSATZ F

- Wie E, allerdings wird zusätzlich von dem PE-Investor und dem Management-Team als Verkäufer eine Due Diligence (Vendor Due Diligence) in Auftrag gegeben. Der Käufer erhält den Vendor Due Diligence-Report vor Unterzeichnung des Unternehmenskaufvertrages. Die Haftung der Verkäufer ist im Unternehmenskaufvertrag insoweit ausgeschlossen, als Sachverhalte im Vendor Due Diligence-Report gegenüber dem Käufer offen gelegt sind.

Vorteile

- Der Käufer erhält umfassende Gewährleistungen sämtlicher Verkäufer, so dass eine Reduzierung des Kaufpreises nicht zu befürchten ist.

- Das aus den Garantien resultierende Haftungsrisiko des PE-Investors und des Management-Teams wird durch die Vendor Due Diligence und die Haftungsausschlüsse im Unternehmenskaufvertrag nicht unerheblich reduziert.

- Der PE-Investor und das Management-Team werden rechtlich und wirtschaftlich gleich behandelt, so dass diesbezügliche Auseinandersetzungen innerhalb der Verkäufer nicht zu erwarten sind.

Nachteile

- Die Vendor Due Diligence ist zeitaufwendig und verursacht zusätzliche Kosten.

- Die dem Käufer mitzuteilenden Ergebnisse der Vendor Due Diligence könnten zu einer nicht unerheblichen Reduzierung des Kaufpreises führen.

LÖSUNGSANSATZ G

- Wie E, allerdings wird zusätzlich von den Verkäufern eine Versicherung abgeschlossen, die das aus den Gewährleistungen resultierende Risiko versichert (Warranty and Indemnity Insurance).

Vorteile

- Der Verkäufer erhält umfassende Gewährleistungen sämtlicher Verkäufer, so dass eine Reduzierung des Kaufpreises nicht zu befürchten ist.

- Der PE-Investor und das Management-Team werden rechtlich und wirtschaftlich gleich behandelt, so dass diesbezügliche Auseinandersetzungen innerhalb der Verkäufer nicht zu erwarten.

- Das aus den Gewährleistungen resultierende Haftungsrisiko wird durch die Warranty and Indemnity Insurance in einem gewissen Umfang reduziert.

Nachteile

- Der Abschluss der Warranty and Indemnity Insurance erfordert einen gewissen zeitlichen Vorlauf und verursacht zusätzliche Kosten in Form der Prämien.

- Der Abschluss einer Warranty and Indemnity Insurance ist nur möglich, wenn das dem Trade Sale zugrunde liegende Verfahren gewisse Mindestanforderungen, wie z.B. die Durchführung eines umfassenden Due Diligence-Prozesses, erfüllt.

- Die der Warranty and Indemnity Insurance zugrunde liegenden Versicherungsbedingungen sehen nicht unerhebliche Leistungsbeschränkungen bzw. -ausschlüsse vor.

4) UMSETZUNG & ERGEBNIS

Bei näherer Betrachtung der einzelnen Lösungsansätze wurde recht schnell deutlich, dass die Lösungsansätze A und C nicht in Frage kommen, da ein Asset Deal nicht gewollt und das Management-Team nicht bereit war, eine wirtschaftliche Ungleichbehandlung zu akzeptieren. Die Lösungsansätze F und G schieden ebenfalls aus, da die Durchführung der Vendor Due Diligence bzw. der Abschluss einer Warranty and Indemnity Insurance als zu zeit- bzw. kostenaufwändig angesehen wurde. Sowohl der PE-Investor als auch das Management-Team standen insoweit auf dem Standpunkt, dass das aus den Gewährleistungen für sie resultierende Risiko die im Rahmen einer Vendor Due Diligence bzw. des Abschlusses der Warranty and Indemnity Insurance entstehenden Kosten nicht rechtfertigt. Lösungsansatz E schied letztlich aus, da die Entscheidungsgremien des PE-Investors, jedenfalls im konkreten Fall, formal keine umfassenden Gewährleistungen abgeben wollten.

Im Rahmen der Entscheidung zwischen den beiden verbleibenden Lösungsansätzen B und D gab letztlich die Tatsache den Ausschlag, dass der bei Durchführung des Lösungsansatzes B hinzunehmende Abschlag beim Kaufpreis voraussichtlich ebenso hoch gewesen wäre wie der Betrag, der auf das Treuhandkonto bei Durchführung des Lösungsansatzes D einzuzahlen wäre.

Insgesamt entschlossen sich der PE-Investor und das Management-Team also für den Lösungsansatz D. Der Käufer akzeptierte den Vorschlag. Dementsprechend gab das Management-Team gegenüber dem Käufer die von ihm gewünschten umfassenden Gewährleistungen ab, wohingegen der PE-Investor nur eingeschränkt Gewährleistungen abgab. Zugleich wurde vom Käufer ein Teil des Kaufpreises auf ein spezielles, für einen gewissen Zeitraum als Sicherheit für sämtliche Gewährleistungen dienendes Treuhandkonto eingezahlt. Für den Fall der Inanspruchnahme des sich auf dem Treuhandkonto befindlichen Betrages durch den Käufer wurde ein interner Rückgriff des PE-Investors auf das Management-Team nur für den Fall zugelassen, dass das Management-Team vorsätzlich oder grob fahrlässig unrichtige Gewährleistungen abgegeben hat.

5) FAZIT

Die Problematik der Behandlung der Verkäufer-Gewährleistungen bedarf bei jedem Exit einer eingehenden Erörterung. Im Regelfall sind mehrere Lösungsansätze denkbar. Welcher Lösungsansatz letztlich den Zuschlag erhält, ist vom Einzelfall abhängig. Jeder der vorstehenden Lösungsansätze kann sich in dem einen oder anderen Fall als »der Beste« herausstellen. Auch weitere, vorstehend nicht genannte Lösungsansätze sind denkbar.

Notizen:

6) FRAGEN UND AUFGABEN

Im der Studie zugrunde liegenden Fall wurde letztlich nur ein vergleichsweise geringer Betrag des auf dem Treuhandkonto befindlichen Teils des Kaufpreises vom Käufer in Anspruch genommen. Der ganz überwiegende Teil wurde nach Ablauf der vereinbarten Fristen an die Verkäufer ausgezahlt.

1. Warum stellt sich bei praktisch jedem Investment eines PE-Investors die Problematik der Behandlung der Verkäufer-Gewährleistungen?

2. Welche gemeinsamen Interessen verfolgen der PE-Investor und das Management-Team beim Exit?

3. Welche gegenläufigen Interessen bestehen zwischen dem PE-Investor, dem Management-Team und dem Käufer beim Exit?

4. In welchen Konstellationen wird die Behandlung der Verkäufer-Gewährleistungen beim Exit eines PE-Investors besonders schwierig?

5. Warum haben PE-Investoren häufig strikte Vorgaben hinsichtlich der von ihnen beim Exit abzugebenden Gewährleistungen?

6. In welchen Fällen bietet sich beim Exit eine Vendor Due Diligence bzw. der Abschluss einer Warranty and Indemnity Insurance an? Wann nicht?

7. Empfiehlt es sich, den Umgang mit den Verkäufer-Gewährleistungen im Fall eines Exit bereits in den dem Investment zugrunde liegenden Beteiligungsverträgen zu regeln?

Notizen:

SASCHA RANGOONWALA | PARTNER | CORNERSTONECAPITAL AG

TIMING IST ALLES – ERFOLGSFAKTOREN BEIM EXIT EINER PRIVATE EQUITY-GESELLSCHAFT

1) HINTERGRUND

Finn entstand in den achtziger Jahren als Geschäftsfeld eines mittelständischen deutschen IT Unternehmens, welches auf Archivierungslösungen spezialisiert war. Ursprünglich sollte Finn die Produkte des Unternehmens für Finanzdienstleister anpassen und an diese vertreiben. Im Laufe der Zeit entstand eine eigenständige Produktsuite mit branchenspezifischer Funktionalität. Finn gelang es, sich in einem Nischenmarkt als klarer Marktführer in Deutschland zu positionieren.

2) AUSGANGSSITUATION

Verkauf an das Management (MBO)

Das Mutterunternehmen war zwischenzeitlich am Neuen Markt notiert und geriet zunehmend unter den Druck der Banken. Es war daher bestrebt, sich durch den Verkauf von Finn Liquidität zu verschaffen. Der bisherige Geschäftsführer von Finn erwarb daraufhin das Unternehmen zusammen mit einem erfahrenen externen Manager sowie zwei Finanzinvestoren im Rahmen eines Management-Buyouts (MBO). Eine namhafte Bank stellte einen Akquisitionskredit bereit.

Zunächst galt es, die noch bestehenden operativen Verflechtungen mit dem Mutterkonzern aufzulösen und Finn komplett eigenständig aufzustellen. Dies erforderte unter anderem auch Anpassungen der Strukturen und Personalabbau. Durch diese Aufgaben war das Management von Finn stark in Anspruch genommen.

Marktseitig geriet Finn unter Druck. Die zunehmend schlechte Presse über den ehemaligen Mutterkonzern, Fragezeichen bezüglich der Stabilität und Investitionsfähigkeit von Finn, Kaufverzögerungen durch Veränderungen im regulativem Rahmen der Kunden sowie zunehmende Konkurrenz belastete den Umsatz. Die ursprüngliche Planung konnte nicht eingehalten werden.

3) OPTIONEN DER UNTERNEHMENSENTWICKLUNG

Ungeachtet operativer Herausforderungen war das Unternehmen aufgrund seiner Marktführerschaft hochattraktiv, was sich an den zahlreichen Anfragen strategischer Käufer aus dem Ausland zeigte. Das Management und die Investoren standen daher vor der Frage, das Unternehmen wie geplant über mehrere Jahre weiterzuentwickeln oder bereits nach weniger als zwei Jahren zu verkaufen.

Eine Weiterentwicklung des Unternehmens hätte zusätzliche Finanzmittel erfordert. Um das geplante Wachstum vor dem Hintergrund veränderter Marktbedingungen realisieren zu können, hätte das Geschäftsmodell von Finn teilweise verändert werden müssen. Insbesondere der Service Bereich hätte zulasten des Produktbereichs deutlich ausgebaut werden müssen. Dies hätte erhebliche Transformationsrisiken beinhaltet. Anderseits hätte bei Realisierung des geplanten Wachstums ein erheblicher Mehrwert erzielt werden können.

Notizen:

Ein Verkauf des Unternehmens zum damaligen Zeitpunkt erschien verfrüht, da sich Umsatz und Ergebnis noch nicht signifikant seit dem MBO verbessert hatten. Andererseits war ungewiss, ob die Kaufinteressenten, allesamt international operierende Konzerne und im weiteren Sinne Konkurrenz zu Finn, in einigen Jahren noch Interesse an einem Erwerb haben würden oder nicht durch den eigenen Markteintritt Finns Position bedrohen würden.

4) ERGEBNIS

Verkauf an US-Konzern

Das Management und die Investoren entschieden sich daher für einen strukturierten Verkaufsprozess unter Hinzuziehung einer erfahrenen Investmentbank. Diese wurde in einem »Beauty Contest« ausgewählt. Die mandatierte Investmentbank überzeugte durch ihre Branchenkenntnis und die nachgewiesene Stringenz in der Abwicklung eines Verkaufsprozesses.

Als Randbedingung für einen Verkauf wurde ein Mindesterlös für das Management und die Investoren gesetzt. Außerdem mussten verschiedene organisatorische Voraussetzungen für das Management und das Personal bei einer Transaktion erfüllt sein. Grundsätzlich bestand daher Unsicherheit, ob der Verkaufsprozess erfolgreich abgeschlossen werden konnte.

Parallel zum Verkaufsprozess wurde daher ein Fortführungsszenario erarbeitet. Es sah einschneidende Maßnahmen vor, um die erforderliche Transformation des Unternehmens einzuleiten. Allerdings konnte der Plan nicht während der laufenden Verkaufsverhandlungen umgesetzt werden, da dies den potenziellen Käufern im Rahmen der Due Diligence aufgefallen wäre und damit deren Verhandlungsposition gestärkt hätte. Da sich der Verkaufsprozess zeitweise hinzog, musste das Management sehr sensibel einige dringend anstehende Maßnahmen umsetzen. Dies gelang ohne größere Störungen im Betriebsablauf.

Der Verkaufsprozess verlief zunächst so wie geplant. Es gelang, einen Auktionsprozess zu initiieren. Unter Berücksichtigung der oben genannten Randbedingungen wurde ein Interessent eingeladen, die nähere Prüfung durchzuführen. Bei dem Interessenten handelte es sich um einen amerikanischen IT-Konzern mit mehreren Milliarden US-Dollar Umsatz, der bereits mehrere hundert Übernahmen durchgeführt hatte. Diese Erfahrung spiegelte sich in den vom Interessenten vorgeschlagenen vertraglichen Regelungen zu Kaufpreisfindung und Garantien wider.

Aus diesem Grund zogen sich die Vertragsverhandlungen hin. Es erfolgten sehr intensive Diskussionen im Kreise der Investoren und des Managements, unter welchen Bedingungen die Transaktion abgeschlossen werden sollte. Parallel durfte das Management nicht über die Gebühr vom Tagesgeschäft abgelenkt werden, da ein erheblicher Anteil des Kaufpreises von dessen Erfolg abhing.

Notizen:

Wesentlich für den letztendlich erfolgreichen Abschluss der Verkaufsverhandlungen waren das gute Prozessmanagement der eingeschalteten Investmentbank als auch die sehr intensive Kommunikation und Zusammenarbeit zwischen den Investoren und dem Management.

Die Transaktion war für alle Seiten ein Erfolg. Finn ging im US-Konzern auf und konnte seine Marktstellung behaupten. Das Management ist im Konzern etabliert und übernahm über Finn hinaus zusätzliche Verantwortlichkeiten. Unlängst wurde der Konzern seinerseits von Finanzinvestoren übernommen, das Management von Finn wird hierbei möglicherweise von seiner Erfahrung mit Finanzinvestoren profitieren können.

Die Investoren und das Management erzielten attraktive Renditen auf ihr Investment, alle nachgelagerten Zahlungen wurden in voller Höhe vom Verkäufer geleistet. Investoren und Management stehen nach wie vor in losem Kontakt und bewerten ihre gemeinsame Zeit auch im Rückblick trotz einiger Turbulenzen als schlussendlich erfolgreich.

5) FAZIT

Timing ist der entscheidende Faktor beim Exit. Das Beispiel Finn hat gezeigt, dass Flexibilität und kontinuierliche Überprüfung der strategischen Optionen dazu führen kann, drastisch vom vorgesehen Wertsteigerungsplan abzuweichen und in diesem Fall einen frühen Verkauf zu suchen. Gleichzeitig war es für die Verhandlungsposition von wesentlicher Bedeutung, einen machbaren „Plan B" in der Tasche zu haben, sodass man nicht auf den Erfolg der Transaktion um jeden Preis angewiesen war. Ein stringent geführter Verkaufsprozess und intensive Kommunikation zwischen den Investoren und dem Management sorgte für kontinuierlichen Interessenausgleich und eine einheitliche Front gegenüber dem Verkäufer.

6) FRAGEN UND AUFGABEN

Verständnisfragen

1. Handelt es sich bei Finn eher um ein Hardware- oder ein Softwareunternehmen?

2. Handelte es sich bei der Herauslösung von Finn aus dem Mutterkonzern um einen reinrassigen MBO?

3. Welchen wesentlichen Beitrag leistete die mandatierte Investmentbank?

Transferfragen:

1. Worauf ist bei der Herauslösung eines Geschäftsbereichs aus einem Konzern zu achten?

2. Welche Transformationsrisiken hätten bei einer Stärkung des Services Bereich zulasten des Produktbereichs entstehen können?

3. Welche Probleme hätten zwischen den Gesellschaftern entstehen können, wenn es zu einer Nachfinanzierung gekommen wäre?

Notizen:

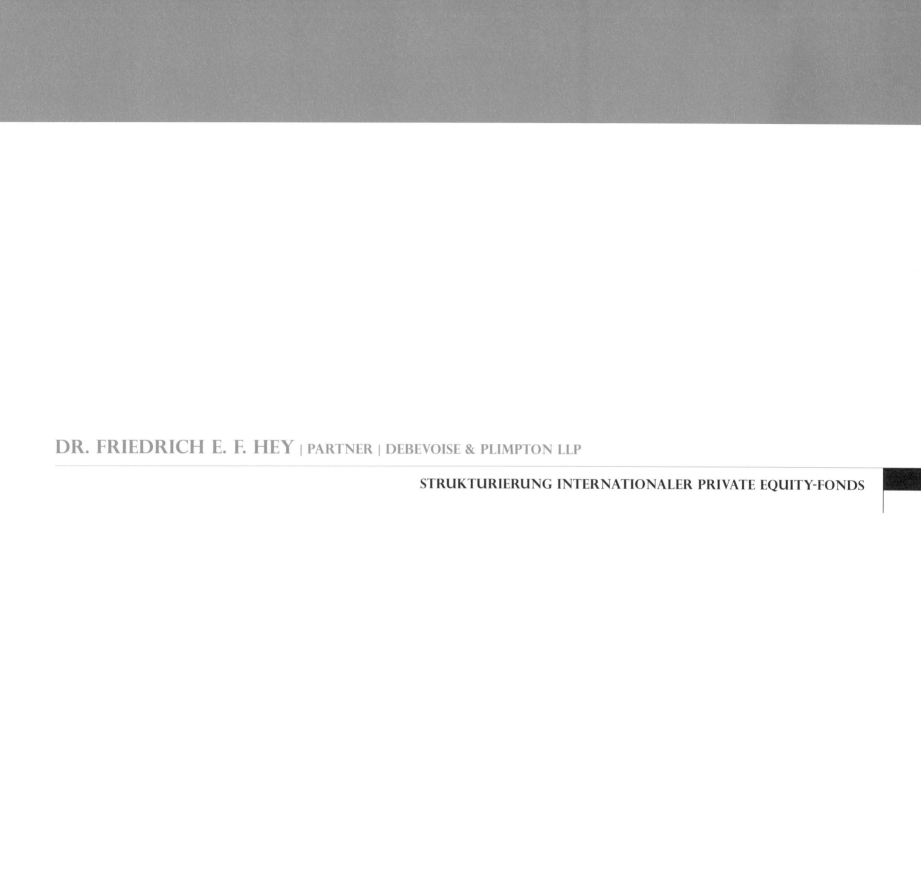

DR. FRIEDRICH E. F. HEY | PARTNER | DEBEVOISE & PLIMPTON LLP

STRUKTURIERUNG INTERNATIONALER PRIVATE EQUITY-FONDS

1) AUSGANGSSITUATION

Ein von US-Sponsoren gemanagter Private Equity-Fonds, der vornehmlich in junge US-Unternehmen (sog. Portfoliogesellschaften) investieren soll, will u. a. institutionelle Investoren in Europa, darunter insbesondere Deutschland, ansprechen. Dementsprechend möchte er betreffend deutsche Investoren wissen, welche besonderen Anforderungen und Wünsche bestehen, damit deutsche Investoren optimal in den Fonds investieren können. Insbesondere ob zwischengeschaltete Vehikel erforderlich sind oder ob direkt in den eigentlichen Fonds investiert werden kann, der als Limited Partnership nach dem Recht des Bundesstaates Delaware errichtet worden ist. In Deutschland sollen keine natürlichen Personen als Investoren angesprochen werden, sondern nur institutionelle Kunden wie Versicherungsgesellschaften, steuerbefreite Pensionskassen und andere normal steuerpflichtige Kapitalgesellschaften.

Abb. 1:

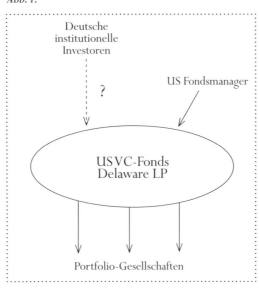

Deutsche institutionelle Investoren

?

US Fondsmanager

US VC-Fonds
Delaware LP

Portfolio-Gesellschaften

2) AUFSICHTSRECHT

Versicherungsgesellschaften unterliegen bzgl. ihres sog. »gebundenen Vermögens« (früher als Deckungsstock bekannt) Beschränkungen, die sich aus dem Gesetz (VAG) einer Rechtsverordnung (der sog. Anlageverordnung »AnlV«) sowie erläuternden Rundschreiben der Bundesanstalt für Finanzdienstleistungsaufsicht (BAFin) ergeben. Für Pensionskassen gelten exakt die selben Regelungen; auch diese unterstehen der Versicherungsaufsicht, die vom BAFin wahrgenommen wird. In der Praxis stellen Versicherungsgesellschaften einschließlich Pensionskassen den wesentlichen Teil der Geldgeber für Private Equity-Fonds dar.

Zwischenergebnis:

Um hinreichend Investoren auf dem deutschen Markt zu gewinnen, muss der US-Fonds Anlagestrukturen schaffen, die es aufsichtsrechtlich nicht von Vornherein unmöglich machen, in den Fonds zu investieren.

Für normale Kapitalgesellschaften oder (was durchaus vorkommt) falls eine Versicherungsgesellschaft aus dem freien (ungebundenen) Vermögen investieren will, gelten diese Beschränkungen nicht.

Notizen:
_____
_____
_____
_____
_____
_____

»Harte« aufsichtsrechtliche Maßgaben

1) Gesellschaften, in welche Versicherungsunternehmen ihr gebundenes Vermögen anlegen wollen, müssen ihren Sitz innerhalb der EU bzw. des EWR haben (§ 1 Abs. 1 Nr. 13 AnlV). Die sog. Öffnungsklausel sieht zwar für 5 % des gebundenen Vermögens Ausnahmen von dieser und anderen Beschränkungen vor (§ 1 Abs. 2 Anlageverordnung); eine Strukturierung kann jedoch nicht auf diese Öffnungsklausel ausgerichtet werden, weil dieser »Joker« gern für andere Anlagen genutzt wird.

Zwischenergebnis:

Eine Direktanlage in den US-Fonds kommt für Versicherungsgesellschaften / Pensionskassen nicht in Betracht, sondern diese benötigen einen sog. Europäischen Feeder. Andere institutionelle Investoren, die keinen aufsichtsrechtlichen Beschränkungen unterliegen, könnten demgegenüber sehr wohl direkt in den als Limited Partnership organisierten US-Fonds investieren (auch steuerlich wäre das in Ordnung, dazu unten).

Ein Feeder-Vehikel löst dieses Problem selbst dann, wenn der Feeder, so wie in diesem Fall, ausschließlich außerhalb der EU-EWR investiert. Wirtschaftlich ist dieses Ergebnis überraschend, aber vom BAFin abgesegnet. Mit anderen Worten, man schaut also auf die erste Ebene unterhalb der Versicherungsgesellschaft und nicht durch das zwischengeschaltete Vehikel hindurch.

2) Ergänzung zum Sachverhalt: Eine Versicherungsgesellschaft möchte einen so hohen Betrag investieren, dass sie mehr als 25 % an dem Feeder-Vehikel halten würde. Problem ist hier § 3 Abs. 4 AnlV, der die maximale Anlage auf 10 % des Grundkapitals der Gesellschaft begrenzt. Hierzu gibt es eine in der Praxis wichtige Ausnahme: Bei Anteilen an einem Unternehmen, dessen alleiniger Zweck das Halten von Anteilen an anderen Unternehmen ist, wird durch die Holding im Wege der Hindurchrechnung hindurchgeschaut auf die gehaltenen Unternehmen (§ 3 Abs. 4 letzter Satz, AnlV).

Zwischenergebnis:

Sofern das Feeder-Vehikel nicht mehr als 40 % an dem US-Hauptfonds hält (25 % x 40 % = 10 %), kann sich die betreffende Versicherungsgesellschaft zu 25 % am Feeder-Vehikel beteiligen.

Achtung:

Für eine Hindurchschau ist erforderlich, dass die betreffende Holding ausschließlich »Anteile« hält. Bei der Beteiligung des Feeder-Vehikels an dem US-Hauptfonds ist diese Voraussetzung erfüllt. Demgegenüber wird der US-Hauptfonds voraussichtlich keine »Holding« im Sinne von § 3 Abs. 4 Satz 2 AnlV sein, weil Private Equity-Fonds in der Praxis regelmäßig auch »Convertible Debt« an Portfoliogesellschaften halten mit der Folge, dass dann durch diese Ebene nicht mehr weiter hindurchgeschaut werden kann. Daher die obige Schlussfolgerung, dass das Feeder-Vehikel nicht mehr als 40 % am US-Fonds halten darf. Hinsichtlich der Strukturierung ist zudem zu beachten, dass die genannten Erfor-

Notizen:

dernisse während der gesamten – langen – Laufzeit erfüllt bleiben müssen, so dass tunlichst »vorsichtig« zu strukturieren ist.

3) Neben den obigen Beschränkungen gibt es noch eine Reihe weiterer in Bezug auf Fremdwährungsengagements, u.a. welcher Teil des gebundenen Vermögens insgesamt in ungelistete Gesellschaftsanteile angelegt werden darf. In der Praxis haben diese Kriterien jedoch deshalb keine Bedeutung, weil die Versicherungsgesellschaften meist erheblich unter den Schwellenwerten bleiben.

»Weiche« aufsichtsrechtliche Maßgaben

Neben den »harten« numerischen Vorgaben existieren eine ganze Reihe weiterer Maßgaben, die in unbestimmte Rechtsbegriffe gekleidet sind. Was die Strukturierung angeht, so ist insbesondere interessant und im Auge zu behalten der Umstand, dass Versicherungsgesellschaften imstande sein müssen, die Anteile frei zu übertragen, was Beteiligungen an

Private Equity-Fonds grundsätzlich zuwider läuft. In der Praxis sind bestimmte mit dem BAFin abgestimmte Klauseln gebräuchlich. Weiter muss ein sog. »Treuhändervermerk« typischerweise in die Satzung des Anlage-Vehikels angenommen werden, wonach Verfügungen über den Anteil nur mit Zustimmung des versicherungsrechtlichen Treuhänders vorgenommen werden dürfen (§ 72 VAG). Aus Sicht der Strukturierung internationaler Fonds ist dies, wenn man sich im Ausland bewegt, deshalb interessant, weil das betreffende ausländische Recht die Wirksamkeit solcher Verfügungsbeschränkungen anerkennen muss.

Weiter ist es hilfreich, wenn auf Ebene des Fonds ein Beirat / Advisory Committee eingerichtet ist, in dem die Investoren vertreten sind. Aufsichtsrechtlich sind Versicherungsunternehmen nämlich gehalten, ihre Anlagen kontinuierlich zu überwachen und dies auch in institutionalisierter Form sicherzustellen und zu dokumentieren. Der Ent-

wurf eines neuen Rundschreibens des BAFin zu den Maßgaben der Anlage gebundenen Vermögens hebt die Bedeutung dieses Umstands noch stärker als bisher schon hervor.

Ergebnis aus aufsichtsrechtlicher Sicht

Eine Direktinvestition in den US-Fonds scheidet aus, und es muss ein Feeder-Vehikel innerhalb der EU / EWR etabliert werden. Dieses kann irgendwo in der EU / EWR gelegen sein, es muss sich nicht um Deutschland handeln. In der Praxis gebräuchlich sind Limited Partnerships nach englischem Recht oder Kapitalgesellschaften nach Luxemburger Recht, insbesondere die Luxemburger SICAV.

3) STEUERRECHTLICHE ASPEKTE

Klassenziel ist es zu erreichen, dass die Private Equity-Investoren nicht schlechter gestellt werden als bei einem Direktengagement an den Portfoliogesellschaften. Die zur »Poolung« der Investoren zwischengeschalteten

Notizen:

_____   _____   _____

_____   _____   _____

_____   _____   _____

_____   _____   _____

_____   _____   _____

_____   _____   _____

Vehikel sollen also so weit als möglich transparent und steuerneutral sein.

Vermeidung der »Strafbesteuerung«

Erstes Ziel bei der Strukturierung von ausländischen Private Equity-Fonds ist es, die sog. Strafbesteuerung im Sinne von § 6 Investmentsteuergesetz (»InvStG«) zu vermeiden (früher bekannt als »schwarze Fonds« im Sinne des Auslandinvestmentgesetzes). Die Problematik stellt sich, weil anders als bei deutschen Anlage-Vehikeln, bei ausländischen Vehikeln der materielle Fondsbegriff gilt. Danach ist lediglich entscheidend, ob das Vermögen des betreffenden Vehikels »risikodiversifiziert« angelegt worden ist. Die Schwellen dafür sind recht gering. Wenn die Strafbesteuerung nicht hinreichend sicher ausgeschlossen werden kann, so ist kein Investor bereit, in ein solches Vehikel zu investieren. Neben den tatsächlich erhaltenen Ausschüttungen wären dann nämlich 70 % der Wertsteigerung gegenüber dem letzten abgelaufenen Kalenderjahr zu versteuern, mindestens aber 6 % des Wertes zum Schluss des gegenwärtigen Kalenderjahres (der Anwendungserlass zum Investmentsteuergesetz lässt indessen zu, die im Kalenderjahr erhaltenen Ausschüttungen von den 6 % zu kürzen). Mit anderen Worten, selbst bei einem Wertverlust würde also eine Steuer auf eine fiktive Wertsteigerung erhoben. Für den Fall, dass ein »Fonds« im Sinne des Investmentsteuergesetzes vorliegt und damit die Strafbesteuerung potenziell anwendbar ist, so kann diese dadurch vermieden werden, dass der Fonds bestimmten Informations- und Veröffentlichungspflichten nachkommt (§ 5 InvStG). Insbesondere die im elektronischen Bundesanzeiger vorzunehmenden Veröffentlichungen stoßen bei ausländischen Private Equity-Sponsoren indes auf große Vorbehalte. Glücklicherweise hat der jüngst veröffentlichte Anwendungserlass der Finanzverwaltung zum Investmentsteuergesetz für Personengesellschaften Erleichterungen gebracht. Dazu sogleich.

Personengesellschaftsstruktur

1) Wie soeben erwähnt, bringt der neue Anwendungserlass im Investmentsteuergesetz für die Praxis eine wesentliche Erleichterung, indem er eine klare Regelung dahingehend enthält, dass ausländische Vehikel, die in der Rechtsform einer »Personengesellschaft« organisiert sind, keine »Fonds« im Sinne des Investmentsteuergesetzes sind und somit die Strafbesteuerung ex definitione keine Anwendung finden kann (BMF vom 02.06.2005, BStBl. 2005 I, Seite 728 Tz. 6).

Achtung:

Diese Voraussetzung muss auf jeder Stufe vorliegen. Bezogen auf den Beispielsfall bedeutet das, dass sich unterhalb des europäischen Feeder-Vehikels keine Nicht-Personengesellschaft befinden darf (auch kein Trust), die ihr Vermögen in risikodiversifizierter Weise angelegt hat. In unserem Beispielfall ist der US-Hauptfonds als Limited Partnership und damit als Personengesellschaft im Sinne des deutschen Steuerrechts organisiert und fällt

Notizen:

damit unter die Safe Harbour-Regelung des Anwendungserlasses. Dass die Portfoliogesellschaften, die ihrerseits von dem US-Fonds gehalten werden, regelmäßig Kapitalgesellschaften sein werden, ist für diese Betrachtung deshalb unbeachtlich, weil diese Portfoliogesellschaften aktive operativ tätige Gesellschaften und ihrerseits damit nicht »risikodiversifiziert« sind und demzufolge Kraft ihrer Natur keine »Fonds« im Sinne des Investmentsteuergesetzes sein können.

Zwischenergebnis:

Eine in der EU bzw. dem EWR gelegene Personengesellschaft erreicht das Klassenziel, die Anwendbarkeit der Strafbesteuerungsregeln von Vornherein zu vermeiden.

2) Weiteres Klassenziel ist, dass durch die Zwischenschaltung der Personengesellschaft keine zusätzlichen Steuern ausgelöst werden. Auch dieses Ziel erreicht man mit den Personengesellschaften. Im betreffenden Heimatstaat der Personengesellschaft (z.B. England oder Luxemburg) fallen bei richtiger Strukturierung keine nennenswerten Steuern an. Dies gilt auch bei einem Direktengagement (so es aufsichtsrechtlich möglich ist) in die US Limited Partnership. Für diejenigen Investoren, die aus außersteuerlichen Gründen nicht gezwungen sind über ein EU-Vehikel zu gehen, ist das Direktengagement in der US Limited Partnership eine echte Alternative. Aus deutscher steuerlicher Sicht ist eine zwischengeschaltete Personengesellschaft »neutral«. Veräußerungsgewinne aus dem Abverkauf von Anteilen an Portfoliogesellschaften können ungeachtet der Zwischenschaltung einerseits des US Hauptfonds (Delaware Limited Partnership) und einer etwaigen EU/EWR-Personengesellschaft wie bei einem Direktengagement steuerfrei vereinnahmt werden (§ 8b Abs. 6 in Verbindung mit Abs. 2 KStG). Für Lebens- und Krankenversicherungen (nicht aber für Versicherungen allgemein) gilt die Veräußerungsgewinnbefreiung allerdings generell nicht (§ 8b Abs. 8 KStG), andererseits verschlechtert sich deren Situation durch diese Zwischenschaltung einer Personengesellschaft auch nicht.

Schwieriger ist die Situation für Dividendenausschüttungen in Bezug auf die Gewerbesteuer in Deutschland (für die Körperschaftssteuer gilt die 95%ige Befreiung, wiederum mit der Ausnahme für Lebens- und Krankenversicherungen). Grundsätzlich erzielen Private Equity-Fonds ihren Ertrag in Form von Veräußerungsgewinnen und gerade nicht über Dividendenausschüttungen. In den letzten Jahren sind jedoch als Exit-Alternative »Recapitalizations« vermehrt aufgetreten, welche bei den Investoren regelmäßig in Form von Dividenden ankommen. Insofern ist diese Frage nicht lediglich theoretischer Natur. Grundsätzlich gilt auch für Dividenden eine 95-prozentige Gewerbesteuerfreiheit (wiederum mit der vorerwähnten Ausnahme für Lebens- und Krankenversicherungen), anders als für Veräußerungsgewinne ist jedoch eine Mindestbeteiligung von 10% (durchgerechnet) an der ausschüttenden Kapitalgesellschaft erfor-

Notizen:

derlich. An diesem Erfordernis wird es wegen der Vielzahl der in einen Private Equity-Fonds investierenden Anleger praktisch immer fehlen (Versicherungsgesellschaften dürfen zudem, wie oben angeführt, aufsichtsrechtlich nicht mehr als 10% halten und könnten das gewerbesteuerliche Schachtelprivileg daher nur dann erhalten, wenn sie gleichsam zufällig genau 10% halten würden).

Bei entsprechender Strukturierung lässt sich dennoch auch für Dividenden Gewerbesteuerfreiheit in Deutschland unterhalb der 10%-Schwelle erreichen, nämlich dadurch, dass die ausländische Personengesellschaft aus deutscher Sicht gewerblich tätig ist (was allerdings den Interessen von steuerbefreiten Pensionskassen und individuellen Anlegern zuwiderläuft, dazu unten).

Beispiel:
Eine englische Limited Partnership hat als einzigen Komplementär und geschäftsführungsbefugten Gesellschafter eine Kapitalgesellschaft. In diesem Fall greift die sog. »Geprägetheorie« (§ 15 Abs. 3 EStG) und die Limited Partnership erzielt kraft Gesetzes gewerbliche Einkünfte; diese sind sodann als ausländische Betriebsstätteneinkünfte in Deutschland gewerbesteuerbefreit (§ 9 Nr. 2 GewStG). Es ist anerkannt, dass die Geprägetheorie auch »über die Grenze« Anwendung findet.

Zwischenergebnis:
Eine zwischengeschaltete Personengesellschaft in einem geeigneten europäischen Land erreicht also die Zielsetzung, dass die Investoren durch deren Zwischenschaltung keine Nachteile erleiden.

Kapitalgesellschaftsstruktur

1) Für Kapitalgesellschaften gilt die »Safe Harbour«-Regelung im Anwendungserlass zum Investmentsteuergesetz nicht. Potenziell ist daher das Investmentsteuergesetz mit seiner Strafbesteuerung anwendbar, was für jeden Anleger prohibitiv ist. In der Praxis kommen dennoch Kapitalgesellschaftsstrukturen, insbesondere in Form der Luxemburger SICAV, vor. Man begegnet dem Problem der Strafbesteuerung auf zweierlei Wegen. Zum einen vertraut man darauf, dass bei Private Equity/Venture Capital Engagements kein »Fonds« im Sinne des Investmentsteuergesetzes vorliegt und bezieht sich auf diverse Verlautbarungen des BAKred (der jetzigen BAFin) zum alten Auslandinvestmentgesetz, wonach bei aktiven, unternehmerischen Engagements, wie sie für Private Equity typisch sind, kein »Fonds« gegeben sein soll. Wissend, dass diese Kriterien aber nicht trennscharf sind, vertraut man hierauf nicht allein, sondern verlangt von den Initiatoren der Fonds regelmäßig, dass diese den Informations- und Veröffentlichungspflichten nach dem Investmentsteuergesetz nachkommen, für den Fall, dass die Finanzverwaltung dessen Anwendbarkeit bejaht.

Notizen:

Zwischenergebnis:

Eine in der EU bzw. dem EWR belegene Kapitalgesellschaft erreicht das Klassenziel der Vermeidung der Strafbesteuerung nur unter Heranziehung weiterer Umstände bzw. Strukturierungsmaßnahmen.

2) Durch Auswahl eines geeigneten Heimatlandes lassen sich nennenswerte Steuern in diesem Land regelmäßig vermeiden. Insbesondere Luxemburg wird in der Praxis wegen des rechtlich gesicherten Rahmens favorisiert. Die SICAV ist recht verbreitet, hat aber den Nachteil, dass sie als steuerbefreite Gesellschaft nicht berechtigt ist, sich auf bestehende Doppelbesteuerungsabkommen zu berufen, was insbesondere bei erhaltenen Dividenden (Recapitalizations!) ein bedeutsamer Nachteil sein kann. Ebenso wenig ist die SICAV eine Gesellschaft, die sich auf die EU Mutter-Tochter-Richtlinie berufen kann, was für die gewerbesteuerliche Behandlung relevant ist (siehe unten). Die SICAV hat darüber hinaus den gewissen Nachteil, dass sie in Luxemburg der Investmentaufsicht unterliegt und ihr Vermögen in bestimmter Weise anlegen muss. Obwohl die Luxemburger Behörden flexibel sind, ist dies ein Störfaktor. Die vorgenannten Nachteile gelten nicht für die Luxemburger SICAR (mit Ausnahme der Investmentaufsicht, welche für diese Gesellschaft in abgeschwächter Form gilt) und das Luxemburger »Securitization Vehicle«, zwei neue Investment Vehikel, für die noch keine fundierten Erfahrungen bestehen. Die Praxis ist hinsichtlich der Benutzung dieser Vehikel zurzeit deshalb vorsichtig, weil der Vorwurf im Raum steht, dass die günstigen steuerlichen Rahmenbedingungen eine verbotene Beihilfe darstellen. Falls dem so wäre, müssten die zu Unrecht nicht erhobenen Steuern nacherhoben werden.

3) Aus deutscher Sicht stellt sich die Besteuerung der Anleger wie folgt dar, wenn diese in den US-Fonds über eine zwischengeschaltete europäische Kapitalgesellschaft investieren, wobei im Folgenden das Beispiel der SICAV betrachtet wird, weil es in der Praxis am gebräuchlichsten ist. Zunächst ist festzustellen, dass die Erträge aus dem Abverkauf der Portfoliogesellschaften bei dem Investoren nicht in Form von Veräußerungsgewinnen sondern – wegen einer zwischengeschalteten Kapitalgesellschaft – in Form von Dividenden ankommen. Quellensteuer wird in Luxemburg auf Ausschüttungen einer SICAV nicht erhoben. In Deutschland sind die Dividenden zu 95 % steuerbefreit (§ 8b Abs. 1 KStG); eine Ausnahme gilt, wie erwähnt, für Lebens- und Krankenversicherungen, welche Dividenden generell voll zu versteuern haben. Gewerbesteuerlich stellt sich das schon erwähnte Problem der 10%-Schwelle. Das nationale gewerbesteuerliche Schachtelprivileg gemäß § 9 Nr. 7 GewStG findet keine Anwendung, weil die Luxemburger SICAV weder aktiv tätig ist, noch unter die Mutter-Tochter-Richtlinie fällt. Insofern kann sich eine gewerbesteuerliche Befreiung nur aufgrund des im Doppelbesteuerungsabkommen zwischen Deutschland und Luxemburg enthaltenen

Notizen:

_____

_____

_____

_____

_____

Schachtelprivilegs ergeben, wofür erstens eine 10%ige Beteiligung an den Stimmrechten der Luxemburger Gesellschaft erforderlich ist und zweitens auf deutscher Seite als Empfänger eine Kapitalgesellschaft vorliegen muss. Insbesondere ein »eingetragener Verein« oder »Versicherungsverein auf Gegenseitigkeit« sind also nicht begünstigt. Das wird in der Praxis gar nicht selten übersehen.

4) Anzumerken bleibt, dass die Regelungen des deutschen Außensteuergesetzes ungeachtet der Passivität und Niedrigbesteuerung einer als Feeder-Vehikel zwischengeschalteten ausländischen Kapitalgesellschaft deshalb keine Anwendung finden, weil Dividenden und Veräußerungsgewinne aus dem Katalog der zur Hinzurechnung führenden passiven Einkünfte explizit ausgenommen sind (§ 8 Abs. 1 Nr. 8 und 9 AStG). Die Portfoliogesellschaften sind regelmäßig aktiv tätig, sodass die Ausnahmeregelung, die § 8 Abs. 1 Nr. 9 für Anteile an bestimmten passiven Gesellschaften nicht eingreift.

Zwischenergebnis:

Eine zwischengeschaltete EU-Kapitalgesellschaft, insbesondere eine SICAV, erreicht das Ziel, zusätzliche Steuern durch die Zwischenschaltung zu vermeiden, also nur eingeschränkt (weil sie selbst nicht DBA-berechtigt ist) und nur unter bestimmten Voraussetzungen (Schachtelprivileg für Gewerbesteuerzwecke).

Steuerbefreite institutionelle Anleger

Ein ganz wesentlicher Teil der insgesamt in Private Equity-Fonds investierten Mittel stammt von steuerbefreiten Anlegern, insbesondere Pensionskassen, einschließlich der berufsständigen Versorgungswerke (Anmerkung: Pensionskassen sind abzugrenzen von den durch Gesetz per 2002 geschaffenen »Pensionsfonds« im Sinne von §§ 112 ff VAG, für die ganz andere Regelungen gelten, und die im Folgenden nicht näher beleuchtet werden). Die aufsichtsrechtlichen Strukturierungsanforderungen sind im Einklang mit

denen für normale Versicherungsgesellschaften. Unglücklicherweise gilt dies nicht für die Steuern.

Steuerbefreite Pensionskassen müssen zwingend gewerbliche Einkünfte vermeiden. Falls sie, und sei es auch versehentlich, gewerbliche Einkünfte erzielten, so würde nicht nur das betreffende Einkommen steuerpflichtig sein, sondern die Pensionskasse würde ihren steuerfreien Status insgesamt gefährden. Gewerblich geprägte ausländische Personengesellschaften, wie sie für steuerpflichtige institutionelle Investoren wegen der Gewerbesteuer von Interesse sind (siehe oben), sind daher für Pensionskassen gleichsam »tödlich«. Selbst wenn keine gewerbliche Prägung vorliegt, kann angesichts der Rechtsprechung des BFH zum gewerblichen Beteiligungshandel (BFH vom 25.07.2001, BetriebsBerater 2001, Seite 2202 mit Anmerkung F. Hey, BetriebsBerater 2002, Seite 870) sowie der Schwammigkeit der Abgrenzungskriterien im BMF-Erlass zur vermögensverwaltenden

Notizen:

_____

_____

_____

_____

_____

_____

Tätigkeit von Private Equity-Fonds (BMF vom 16.12.03, BStBl. 2004 I, Seite 40) nicht hinreichend sicher darauf vertraut werden, dass eine Beteiligung an einem Private Equity-Fonds vermögensverwaltender Natur ist. Steuerbefreite institutionelle Anleger werden daher regelmäßig darauf bestehen, dass sie ihr Engagement über eine zwischengeschaltete Kapitalgesellschaft halten (im Fachjargon »Blocker Corporation«).

Während für steuerpflichtige Investoren solch eine Blocker Corporation die Gefahr der Strafbesteuerung nach dem Investmentsteuergesetz mit sich bringt, ist dies für steuerbefreite Investoren überhaupt kein Problem: Sie sind ja vollumfänglich steuerbefreit. Aus Sicht der steuerbefreiten institutionellen Investoren ist somit lediglich von Interesse, dass die zwischengeschaltete Blocker Corporation keiner Besteuerung unterliegt. Die Luxemburger SICAV oder auch das neue auf Private Equity zugeschnittene Luxemburger Vehikel, die SICAR, erfüllen diese Voraussetzung

ebenso wie Kapitalgesellschaften in anderen EU-Ländern, die off-shore-Gewinne weitestgehend freistellen (z. B. Zypern, Malta).

4) FAZIT

Eine Struktur »one size fits all« gibt es nicht. Wenn das Volumen insgesamt und das der einzelnen Anlegergruppen groß genug ist, so sollten parallele Strukturen unter Einschaltung einer »Blocker Corporation« für steuerbefreite Investoren angeboten werden, so wie das unten im Schaubild dargestellt ist. Falls der Aufwand zu groß wird, so werden einige Investoren Kompromisse eingehen müssen. Letztlich läuft es immer darauf hinaus, ob sich die Rendite nach Steuern im Vergleich zu alternativen Anlagemöglichkeiten rechnet. In praktischer Hinsicht sollte auch im Auge behalten werden, dass einfache Strukturen den Charme haben, über die lange Laufzeit von Private Equity-Fonds gesehen »rechtsstabiler« zu sein und von den mit der Verwaltung betrauten Mitarbeitern leichter verwaltet

und an sich verändernde Umstände angepasst werden zu können. Auch hier gilt das Motto: »Simpler is better«. Das nachfolgende Schaubild gibt lediglich eine beispielhafte Struktur wieder und ist nicht als Muster für alle Fälle zu verstehen. In der Praxis sind abgestimmt auf die Bedürfnisse des Einzelfalls vielfältige Strukturierungen anzutreffen.

Abb. 2:

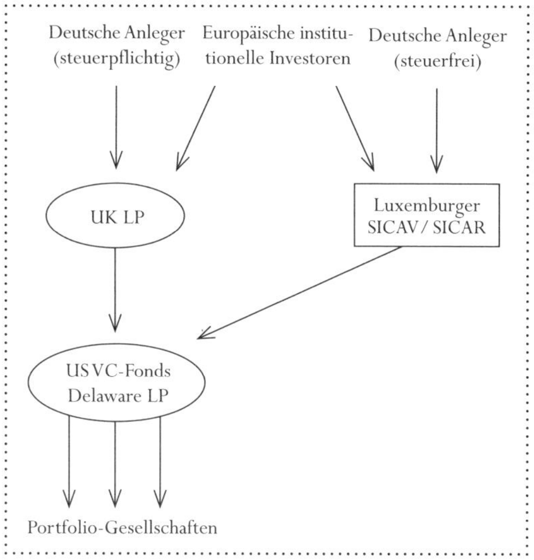

Notizen:

5) FRAGEN UND AUFGABEN

1. Beschreiben Sie abstrakt, warum institutionelle Investoren ein Interesse daran haben, Private Equity-Investitionen einzugehen.

2. Ist es für folgende institutionelle Investoren bedeutsam, in welchem Land der Fonds, in den investiert werden soll, sitzt: I. Versicherungsgesellschaften; II. Pensionskassen; III. Unterstützungskassen.

3. Welche Restriktionen bestehen für Private Equity-Investitionen in Bezug auf die Anlage von Vermögen mit dem Ziel, Pensionsverbindlichkeiten zu decken, für die Rückstellungen in der Bilanz gebildet worden sind (steuerlich gesprochen sogenannte § 6a EStG-Rückstellungen).

4. Bevorzugen Pensionskassen als Investitionsvehikel für Private Equity-Anlagen eher eine Personengesellschaft oder eher eine Kapitalgesellschaft?

5. § 6 InvStG enthält eine sogenannte »Strafbesteuerung«. Skizzieren Sie deren Inhalt.

6. Handelt es sich bei vorbeschriebener Strafbesteuerung bilanzrechtlich gesprochen um eine permanente oder um eine temporäre Differenz; mit anderen Worten, falls im Vergleich zu dem tatsächlich erzielten Ertrag aus der Investition ein zu hoher Betrag versteuert wird, gleicht sich dies systemimmanent irgendwann im Verlauf der gesamten Haltedauer aus oder verbleibt es bei einer unter Umständen zu hohen Versteuerung?

7. Wann ist ein ausländisches Private Equity-Vehikel ein »Fonds« im Sinne des Investmentsteuergesetzes? Was ist das entscheidende Kriterium, um von einem »Fonds« zu sprechen?

8. Welche in der Praxis einfach zu handhabende »Schwarz-Weiß-Regel« besteht, um bei einem ausländischen Private Equity-Vehikel das Vorliegen eines »Fonds« im Sinne des Investmentsteuergesetzes auszuschließen?

9. Ist die Strafbesteuerung gemäß § 6 InvStG relevant für a) Pensionskassen b) Unterstützungskassen c) Pensionsfonds.

10. Vor dem Hintergrund der Antwort zu Frage 8: Kann man sagen, dass die Rechtsform der Personengesellschaft für ausländische Privte Equity-Fonds immer die ideale Rechtsform ist?

Notizen:

_____   _____   _____

_____   _____   _____

_____   _____   _____

_____   _____   _____

_____   _____   _____

_____   _____   _____

DR. BERND KREUTER | HEAD OF PRIVATE EQUITY | FERI INSTITUTIONAL ADVISORS

WELCHER MITTELSTÄNDISCHE BUYOUT-FONDS IST DER BESTE?

Ein Investment Manager ist mit der Aufgabe betraut, Buyout-Fonds zur Investition vorzuschlagen. Die Fallstudie beinhaltet typische Analysen und Fragestellungen, die bei der Auswahl von Buyout-Fonds auftreten können.

1) EINLEITUNG

Das Hessische Versorgungswerk der öffentlichen Angestellten (HeVöffang) hat im Jahr 2003 als erstes Versorgungswerk eines Bundeslandes die kapitalgedeckte Altersversorgung eingeführt. Die im Vorfeld durchgeführte Asset Liability-Studie, welche die Allokation der anzulegenden Mittel auf die verschiedenen Anlageklassen definiert, sieht vor, dass 8 % des Gesamtvermögens in Private Equity investiert werden sollen. Private Equity ist als Anlageklasse für den Altersversorgungsbereich besonders gut geeignet, da einerseits Private Equity die Anlageklassen mit den höchsten zu erwartenden Renditen ist und andererseits der Hauptnachteil von Private Equity-Investitionen, der in der langen Kapitalbindung und Illiquidität liegt, bei

den im Altersversorgungsbereich gegebenen langen Anlagehorizonten weniger ins Gewicht fällt.

Die angestrebte Private Equity-Allokation des HeVöffang soll durch Investitionen in Private Equity-Fonds erreicht werden. Direktinvestitionen in Unternehmen wurden aufgrund des höheren Risikos von vornerein ausgeschlossen. Zur Auswahl der Private Equity-Fonds wurde das Beratungshaus »Private Equity Selectors« (PES) hinzugezogen, da die HeVöffang nicht über die notwendigen Ressourcen verfügt, um selbst die aussichtsreichsten Private Equity-Fonds zu selektieren. Die Private Equity-Allokation für 2006 in Höhe von 60 Mio. Euro soll auf verschiedene Private Equity-Segmente verteilt werden; für das Segment der europäischen Mittelstands-Buyout-Fonds sind insgesamt 20 Mio. Euro vorgesehen, die in einen oder zwei Fonds investiert werden sollen.

Markus Mitte ist Senior Investment Manager bei PES und zuständig für Investitionen in eu-

ropäische Mittelstandsfonds. Er ist mit der Aufgabe betraut, geeignete Fonds zur Investition der HeVöffang-Mittel vorzuschlagen. Er erhält einen Teil seiner Vergütung in Abhängigkeit der Rendite der von ihm ausgewählten Fonds.

2) DIE AUSGANGSSITUATION

Der Europäische Buyout-Markt

Renditen

Bei Private Equity gibt es im wesentlichen zwei verschiedene Renditemaße: Zum einen die IRR (Internal Rate of Return), die auf der internen Zinsfußmethode beruht, und zum anderen den Multiple, der die absolute Rendite misst. Der DPI-Multiple (Distributed to Paid In) gibt das Verhältnis von ausgeschüttetem zu einzezahltem Kapital an. Ein DPI-Multiple von 2 besagt also, dass die Investoren pro eingezahltem Euro zwei Euro zurückerhalten haben. Der TVPI-Multiple (Total Value to Paid In) beinhaltet zusätzlich den Wert des noch nicht ausge-

Notizen:

schütteten Kapitals und ist ein Maß für den Gesamtwert der Einzahlungen pro Einzahlungseinheit.

Tabelle 1 stellt die Entwicklung der Renditen im europäischen Buyout-Segment je Auflegungsjahr dar. Das Auflegungsjahr bezeichnet den Beginn der Investitionsperiode eines Fonds. Die Investitionsperiode erstreckt sich in der Regel über drei bis fünf Jahre. In den Folgejahren werden die Unternehmen entwickelt und anschließend veräußert.

Die Fonds, die Mitte der 90er Jahre aufgelegt wurden, konnten im Durchschnitt sehr hohe Renditen erzielen. Die Ende der 90er Jahre aufgelegten Fonds sind in einem schwierigeren Umfeld investiert worden, und die Portfolios dieser Fonds sind per Ende 2004 erst zu einem kleineren Anteil realisiert. Die seit 2001 aufgelegten Fonds befinden sich per Ende 2004 noch in der Investitionsphase, so dass deren Renditen erst bedingt aussagekräftig sind.

Tab. 1: Netto-Renditen europäischer Buyout-Fonds per 31.12.2004

Aufle-gungsjahr	TVPI-Multiple	DPI-Multiple	IRR
1994	2,75	2,63	40,1%
1995	2,11	1,65	38%
1996	1,83	1,33	18,4%
1997	1,25	0,63	6,9%
1998	1,3	0,57	7,1%
1999	1,06	0,33	1,8%
2000	1,35	0,37	14%
2001	1,03	0,2	2,3%
2002	0,99	0,29	-0,7%
2003	1,02	0,04	2,7%

Quelle: Venture Economics

Investitionsvolumina und Bewertungen

Die Investitionsvolumina im europäischen Buyout-Markt sind nach einem zwischenzeitlichen Rückgang im Jahr 2001 kontinuierlich angestiegen, ebenso wie die Bewertungen, die in 2001 und 2002 noch relativ niedrig waren. Das am häufigsten verwendete Maß für Unternehmensbewertungen ist der EBITDA-Multiple, der definiert ist als das Verhältnis von Unternehmenswert zu EBITDA; dieser ist nicht zu verwechseln mit den Performance-Multiples TVPI und DPI.

Tab. 2:
Investitionsvolumina und Bewertungen im europ. Buyout-Markt

Jahr	Investiert in Mrd. Euro	Durchschnittl. gezahlter EBITDA-Multiple
1999	13,3	7,4
2000	14,4	7
2001	10,9	6,5
2002	16,9	6,6
2003	18,4	6,7
2004	25,7	7,2

Quelle: S&P, EVCA

Notizen:

Fondsmanager in der engeren Auswahl

Nach intensivem Screening der investierbaren Fonds hat Markus Mitte drei Fondsmanager identifiziert, die er nun im Rahmen einer ausführlichen Analyse vergleichen will. Alle drei Manager haben in 1997 ihren ersten Fonds aufgelegt und in 2001 den zweiten. Die Mittel der zweiten Fonds sind jeweils größtenteils investiert, so dass alle drei Manager planen, in 2006 den dritten Fonds aufzulegen. Häufig beginnen Manager mit der Einwerbung von Investorengeldern (dem sog. »Fundraising«) für einen neuen Fonds längst bevor die Gelder des alten Fonds investiert sind, was bei den drei Fondsmanagern jedoch nicht der Fall ist, da sie aufgrund der gestiegenen Exitaktivitäten in den letzten Monaten keine Ressourcen hatten, um mit dem Fundraising zu beginnen. Alle drei Manager haben in der Vergangenheit konsistent eine Performance im Top Quartile erzielt. Obwohl davon auszugehen ist, dass alle drei Fonds überzeichnet sein werden und nur wenige der interessierten Investoren eine Allokation erhalten können, rechnet Markus Mitte fest damit, dass er in jeden der drei Fonds investieren kann. Dabei kommt ihm der exzellente Ruf der Private Equity Selectors zugute, die dafür bekannt sind, dass sie nur in die allerbesten Fonds investieren. Ferner wird das HeVöffang Projekt aufgrund seines Pilotcharakters von der Private Equity-Branche mit großem Interesse verfolgt. Daher sind alle drei Fonds bereit, die HeVöffang als Investor neu aufzunehmen. Letztere profitiert davon, dass einige der Investoren in die drei Fonds, insbesondere einige Banken, mittlerweile nicht mehr im Private Equity-Segment aktiv sind, so dass die Fonds überhaupt neue Investoren aufnehmen.

Die drei Fondsmanager verfolgen sehr unterschiedliche Strategien, was vor allem aus den unterschiedlichen beruflichen Werdegängen der Manager resultiert.

Fondsmanager 1 *Locust Partners (LP)*

Locust Partners ist aus einer Corporate Finance Boutique hervorgegangen, die auf alternative Finanzierungsformen spezialisiert war. Die ehemaligen Partner des Beratungshauses haben schnell festgestellt, dass sich im Beteiligungsgeschäft mehr Geld verdienen lässt, haben daher ihre Beratungsaktivitäten eingestellt und konzentrieren sich seit 1998 auf Buyouts. Sie kennen sich perfekt in der finanziellen Optimierung ihrer Portfoliounternehmen aus und nutzen meist äußerst komplexe Kapitalstrukturen. Nach Eingehen der Beteiligung liegt ihr Fokus darauf, das in den Unternehmen gebundene Kapital möglichst schnell freizusetzen (durch Reduktion des Working Capital, Sale-and-Lease-Back etc.). In einigen Fällen haben sie die Portfoliounternehmen zerschlagen, um den Gesamtwert durch den Verkauf der einzelnen Unternehmensbereiche zu maximieren.

Fondsmanager 2 *Hands-On Capital (HOC)*

Hands-On Capital wurde von ehemaligen Unternehmern mit langjähriger operativer Erfahrung gegründet. Die Fondsmanager haben schon seit Ende der 80er Jahre Branchenkonsolidierungsstrategien umgesetzt und haben

Notizen:

im Jahr 1997 beschlossen, diese Aktivitäten im Rahmen eines Buyout-Fonds fortzuführen. Seitdem haben sie auch verschiedene Roll-out-Konzepte im Retail-Sektor durchgeführt.

Fondsmanager 3 *Industry Trend Investors (ITI)*

Die Manager von Industry Trend Investors sind ehemalige Investment Banker. Sie verbringen einen Großteil ihrer Zeit damit, Makrotrends zu analysieren, Sector Timing-Strategien zu entwickeln und anschließend Zielunternehmen in den ausgewählten Branchen zu identifizieren. Die von ihnen bevorzugten Branchen sind entweder in starkem Wachstum begriffen oder unterliegen Branchenumbrüchen. Sie versuchen, in diejenigen Unternehmen zu investieren, die am meisten von den Umbrüchen profitieren.

3) ANALYSEN

Markus Mitte ist mit der schwierigen Aufgabe konfrontiert, den attraktivsten der drei Manager zu identifizieren. Dabei geht er Schritt für Schritt verschiedene Aspekte der Fonds durch. Am vermeintlich einfachsten ist die Analyse der Vergangenheitsrenditen, da hierzu am meisten Datenmaterial vorliegt. Allerdings weiß Markus Mitte aus Erfahrung, dass die Interpretation der Daten nicht immer einfach ist. Das Ziel seiner Analyse ist es, sich darüber eine Meinung zu bilden, wer in Zukunft die besten Renditen erzielen kann. Die Vergangenheitsrenditen sind zwar ein Indikator für den zukünftigen Erfolg, ein direkter Zusammenhang besteht jedoch nicht. Denn über die Zeit ändern sich die Rahmenbedingungen für Buyouts und auch die Fondsmanager, insbesondere deren Motivation und Fähigkeiten, unterliegen Veränderungen.

Analyse der Renditen

Die ersten Fonds der drei Manager, die jeweils im Jahr 1997 aufgelegt wurden, haben eine fast identische Performance, so dass Markus Mitte daraus keine weiteren Schlüsse ziehen kann. Die zweiten Fonds, die jeweils im Jahr 2001 aufgelegt wurden, unterscheiden sich deutlicher; die wichtigsten Renditekennzahlen der Fonds, die bereits am Anfang von Abschnitt 2 erläutert wurden, sind in *Tabelle 3* aufgeführt.

Tab. 3: Netto-Performance der in 2001 aufgelegten Fonds

	TVPI	DPI	IRR
Locust Partners II	1,4	0,4	20%
Hands-On Capital II	1,3	0,2	10%
Industry Trend Investors II	1,3	0	18%

Die Kennzahlen sind aus den jeweiligen Berichten per 31.12.2004 entnommen. Alle Fonds verwenden die üblichen Bewertungsrichtlinien nach EVCA (European Private Equity and Venture Capital Association). Das alleine garantiert noch nicht die Vergleichbarkeit der Daten, da es für das unrealisierte Portfolio gewisse Bewertungsspielräume gibt. Markus Mitte ist aber davon überzeugt,

Notizen:

dass die Daten keine Verzerrungen enthalten. Anhand der Zahlen wird deutlich, dass alle drei Fonds eine deutlich bessere Performance erzielen konnten als ein durchschnittlicher in 2001 aufgelegter Fonds.

Die Renditezahlen der drei Fonds sind allerdings nur bedingt vergleichbar, da sie nicht die Tatsache berücksichtigen, dass die Gelder

Tab. 4:
Investition der Mittel über die Zeit in Prozent des Fondsvolumens

	Locust Partners II	Hands-On Capital II	Industry Trend Investors II
2001	30%	20%	20%
2002	30%	10%	10%
2003	20%	30%	10%
2004	5%	10%	30%
2005	10%	20%	25%
Summe	95%	95%	95%

zu unterschiedlichen Zeitpunkten investiert wurden. Daher untersucht Markus Mitte nun die Verteilung der Investitionen über die Jahre. Das Ergebnis ist in *Tabelle 4* aufgeführt.

Keiner der drei Fonds hat bisher 100% seines Volumens investiert, was daran liegt, dass die Manager Mittel für einen eventuellen weiteren Kapitalbedarf ihrer Portfoliounternehmen sowie die Kosten des Fonds reservieren. Auffällig ist, dass Locust Partners die Mittel früher investiert hat als die beiden anderen Manager, was einen Teil der besseren Performance erklärt. Die Manager von Industry Trend Investors konnten in 2002 und 2003 keine besonderen Trends identifizieren und haben daher in diesem Zeitraum nur wenig investiert.

Operative Kennzahlen und Wertschöpfungsanalyse

Um bei der Interpretation der Renditen weiterzukommen, untersucht Markus Mitte, wie sich die Renditen genau zusammen setzen.

Dazu betrachtet er den folgenden Zusammenhang:

> **Wert des Eigenkapitals:**
> = Gesamtunternehmenswert - Fremdkapital
> = EBITDA-Multiple x EBITDA - Fremdkapital

Das EBITDA als Ergebnis vor Zinsen, Steuern und Abschreibungen ist fast identisch mit dem operativen Cash Flow, aus dem heraus die notwendigen Investitionen getätigt sowie Fremdkapitalzinsen und Steuerzahlungen bedient werden.

Der Wert des Eigenkapitals, hängt also von drei Faktoren ab. Daher gibt es im wesentlichen die folgenden drei Möglichkeiten, um den Wert des Eigenkapitals zu vermehren:

1. Der Kauf eines Unternehmens zu einem günstigen Multiple und der anschließende Verkauf zu einem höheren Multiple (Multiple-Arbitrage)
2. Das EBITDA-Wachstum
3. Der Abbau von Fremdkapital

Notizen:

Die drei Möglichkeiten der Wertschöpfung sind unterschiedlich zu bewerten. Die Multiple-Arbitrage basiert einerseits auf dem Verhandlungsgeschick der Fondsmanager beim Kauf und Verkauf sowie andererseits der Einschätzung der zukünftigen Entwicklung der marktüblichen EBITDA-Multiples. In einem effizienten Markt ist beides eher auf Glück als auf Können zurückzuführen. Das EBITDA-Wachstum kann auf Basis von Umsatzwachstum und/oder einer Margenverbesserung resultieren. Beides kann nur konsistent erzielt werden, wenn die Fondsmanager bzw. die Manager der Portfoliounternehmen über eine exzellente operative Erfahrung verfügen.

Diese Strategie lässt sich daher nicht leicht kopieren. Der Abbau von Fremdkapital kann durch intelligente Finanzierungsstrukturen erleichtert werden und hängt von der generellen Verfügbarkeit von Fremdkapital zusammen; allerdings sind die gängigsten Finanzierungsstrukturen hinlänglich bekannt, so dass es schwierig ist, auf diese Art und Weise einen echten Mehrwert zu schaffen, den andere Fondsmanager nicht einfach kopieren können.

Um die Komponenten der Wertschöpfung bei den drei Fonds zu identifizieren, betrachtet Markus Mitte den durchschnittlich gezahlten EBITDA-Multiple, das annualisierte EBITDA-Wachstum über alle Portfoliounternehmen (EBITDA CAGR) sowie den Gesamtschuldenstand (debt) im Verhältnis zum EBITDA (vgl. *Tabelle 5*).

Tab. 5: *Operative Kennzahlen und Multiples*

	Locust Partners II	Hands-On Capital II	Industry Trend Investors II
EBITDA-Multiple	6,2	6,5	7,2
EBITDA CAGR	2%	13%	9%
Debt/ EBITDA	4,5	2,5	3

Locust Partners konnte in den Jahren 2001 und 2002 zu günstigen Multiples einkaufen und hat im Jahr 2004 für mehrere Portfoliounternehmen im Rahmen von Rekapitalisierungen Eigenkapital durch Fremdkapital ersetzt. Daher resultieren die hohen Debt/EBITDA Multiples und auch die hohen Ausschüttungen, die aus dem DPI-Wert von *Tabelle 3* ersichtlich sind. Dagegen ist das EBITDA-Wachstum der Portfoliounternehmen eher niedrig ausgefallen. Die Portfoliounternehmen von Hands-On Capital haben einen niedrigen Schuldenstand, was daran liegt, dass sie einen Großteil des sehr hohen EBITDA-Wachstums mit Eigenkapital finanzieren müssen, um die bei einer Wachstumsstrategie notwendige Flexibilität zu gewährleisten. Bei Industry Trend Investors wurde das Portfolio etwas später aufgebaut, zu einem Zeitpunkt, als höhere Marktmultiples vorherrschten (vgl. *Tabelle 2*). Ferner bevorzugt Industry Trend Investors Branchen, die gerade in Mode sind und bei denen daher höhere Multiples gezahlt werden. Das bisherige EBITDA-Wachstum, das mit 9% durchaus gut ist, bestätigt, dass die richtigen Trends erkannt wurden.

Notizen:

_____

_____

_____

_____

_____

Markus Mitte führt für Locust Partners I, Hands-On Capital I und Industry Trend Investors I detaillierte Wertschöpfungsanalysen durch, welche den Renditebeitrag der drei oben aufgeführten Wertschöpfungsfaktoren ermitteln. Dabei hat er herausgefunden, dass die Renditen bei Locust Partners I vorwiegend aus dem effizienten Einsatz von Fremdkapital sowie aus Multiple-Arbitrage resultieren. Bei Hands-On Capital I sind dagegen 80 % der Rendite auf EBITDA-Wachstum zurückzuführen, während bei Industry Trend Investors I Multiple-Arbitrage und EBITDA-Wachstum etwa gleichbedeutend sind. Markus Mitte schließt daraus, dass die Wertschöpfungsanalysen im Einklang mit den von den drei Managern jeweils vertretenen Investitionsstrategien sind.

Branchen-Fokus und Strategie

Die Strategien der einzelnen Fondsmanager wurden bereits in Abschnitt 2 beschrieben und im Rahmen der Wertschöpfungsanalyse in Bezug auf ihre Umsetzung analysiert. Was den Branchenfokus angeht, so investiert Locust Partners breit über zahlreiche Branchen. Locust Partners legt mehr Wert darauf, Unternehmen günstig zu erwerben sowie durch Umstrukturierung und Optimierung der Finanzierungstrukturen Wert zu schaffen.

Hands-On Capital ist dagegen auf wenige Branchen fokussiert, in denen die Fondsmanager über langjährige Erfahrung verfügen. Der Nachteil dieser Strategie kann darin liegen, dass die Branchen im Laufe der Zeit ihre Attraktivität verlieren oder sogar in größere Schwierigkeiten geraten. Die Manager von Hands-On Capital wären dann nur bedingt in der Lage, ihre Fähigkeiten auch in anderen Branchen einzusetzen. Industry Trend Investors investiert auch nur in ausgewählte Branchen, die jedoch im Laufe der Zeit wechseln können. Diese Strategie birgt die Gefahr der Fehleinschätzung von Branchentrends. Wenn der Fokus zudem auf Branchen liegt, die zu sehr im allgemeinen Interesse sind, dann kann es leicht passieren, dass es unmöglich ist, Unternehmensbeteiligungen zu angemessenen Preisen einzugehen.

Markus Mitte weiß aus einschlägigen Forschungsarbeiten (vgl. *Tabelle 6*), dass eine gewisser Grad der Branchenfokussierung einen erheblichen Einfluss auf die Performance eines Managers haben kann. Dennoch hat Locust Partner es bisher geschafft, trotz der breiten Streuung über Branchen sehr hohe Renditen zu erzielen, was für die Fähigkeiten des Managements spricht.

Tab. 6:
Einfluss der Branchenkonzentration auf die Performance von Buyouts

Grad der Branchkonzentration	Rendite (Brutto-IRR)
Niedrige Konzentration (breit diversifizierter Manager)	22 %
Mäßige Konzentration (diversifizierter Manager)	37 %
Hohe Konzentration (fokussierter Manager)	63 %
Sehr hohe Konzentration (stark fokussierter Manager)	54 %

Quelle: INSEAD Buyout Datenbank; niedrige Konzentration entspricht einem Herfindahl-Maß über 10 Branchen von unter 0,2 / mäßig von 0,2-0,5 / hoch von 0,5- 0,8 / sehr hoch von 0,8-1.CA

Notizen:

Manageranalyse

Während die Analyse der Rendite eher vergangenheitsbezogen ist, ist die Analyse der Situation und Motivation der einzelnen Manager eher zukunftsbezogen.

Markus Mitte betrachtet zunächst die Manager von Industry Trend Investors (vgl. *Tabelle 7*). Manager 1 und 2 haben die Firma 1997 gegründet, während Manager 3 und 4 erst in 1999 in der Mitte der Investitionsperiode des ersten Fonds zu dem Team gestoßen sind. Manager 1 ist mit 64 Jahren deutlich älter als die anderen Manager; in dieser Situation ist zu befürchten, dass Manager 1 noch während der Investitionsperiode des dritten Fonds in den Ruhestand geht. Markus Mitte nimmt sich also vor, Manager 1 direkt auf seine Motivation anzusprechen. Obwohl zu befürchten ist, dass Manager 1 in dem neuen Fonds Industry Trend Investors III weniger aktiv ist, erhält er dennoch 50% der gesamten Erfolgsbeteiligung (im folgenden wird der englische Begriff »Carry« verwendet). Der restliche Carry ist ebenfalls recht ungleich verteilt. Manager 2 als Mitgründer hält weitere 25%, während sich Manager 3 und 4 die restlichen 25% teilen. Die Verteilung des Carry spiegeln sich auch in den Eigentums- und Machtverhältnissen in der Firma wieder. Schließlich untersucht Markus Mitte den Investitionserfolg der einzelnen Manager, ausgedrückt im Brutto-Multiple der realisierten Deals für die der jeweilige Manager zuständig war. Dabei fällt auf, dass insbesondere Manager 3, aber auch Manager 4 recht gute Multiples haben, während Manager 2, der weitaus mehr Carry erhält, einen deutlich schlechteren persönlichen Multiple hat. Das könnte recht schnell zu Spannungen führen, die noch verstärkt werden, wenn Manager 1 ausscheidet. Im Rahmen von Einzelgesprächen, die Markus Mitte mit den einzelnen Managern führt, bestätigen sich seine Bedenken. Markus Mitte schlussfolgert, dass das Managementrisiko in dieser Konstellation zu hoch ist, und schließt Industry Trend Investors aus der engeren Wahl aus.

Bei Locust Partners und Hands-On Capital ist hingegen der Carry ungefähr gleich verteilt und auch die Investitionserfolge der Partner sind vergleichbar, so dass Markus Mitte hier keine Bedenken hat.

Tab. 7: Einige Daten zu den Managern von Industry Trend Investors

Manager	1	2	3	4
Eintritt in die Firma	1997 (Gründer)	1997 (Gründer)	1999	1999
Alter	64	49	42	38
% Carry	50%	25%	15%	10%
Brutto-Multiple realisierter Deals	2,5	1,3	3,1	2,4

Analyse der Konditionen

Das für Investoren letztendlich interessante Nettoergebnis eines Fonds ermittelt sich aus dem Bruttoergebnis abzüglich der fixen Managementgebühr und der variablen Vergütung (Carry). Neben den zum Teil erheb-

Notizen:

_____

_____

_____

_____

_____

_____

_____

lichen Einfluss auf die Nettorenditen, legt die Konditionengestaltung außerdem fest, in welcher Höhe und auf welche Art und Weise die Fondsmanager vergütet werden. Damit hat die Konditionengestaltung eine Auswirkung auf die Anreize der Manager.

Managementgebühr

Alle drei Fonds haben eine Managementvergütung von 2% auf das zugesagte Kapital, die für kleinere Buyout-Fonds durchaus üblich ist. Im Gegensatz zu den anderen beiden Fonds, rechnet Hands-On Capital die Honorare, die aus der Beratung von Unternehmen und bei Abschluss von Transaktionen anfallen, nicht auf die Managementvergütung an. Diese zusätzliche Vergütung, die in Summe ähnlich hoch sein kann wie die Managementvergütung aus dem Fonds, wird stattdessen von den Managern einbehalten. Als Begründung gibt Hands-On Capital an, dass die Manager sehr aktiv in den Portfoliounternehmen seien und daher für den zusätzlichen Aufwand vergütet werden müssen. Markus Mitte ist nicht

bereit dieser Argumentation zu folgen, denn letztendlich werden die Unternehmen ja mit Hilfe der Gelder der Investoren erworben, und diese Gelder werden bei Hands-On Capital im Rahmen dieser Praxis als Transaktions- und Beratungshonorare von den Zielunternehmen an die Manager ausgezahlt. Diese Auszahlungen entziehen sich zudem anders als die ohnehin schon von den Investoren geleistete Managementvergütung der Kontrolle der Investoren. Schließlich könnte die Regelung von Hands-On Capital dazu führen, dass der Fonds nur in solche Unternehmen investiert, bei denen hohe Honorare in Rechnung gestellt werden können. Daher regt er an, dass Hands-On Capital wenigstens auf einen Teil der Honorare verzichtet und diese stattdessen auf die Managementvergütung anrechnet. Er ist zuversichtlich, dass man sich auf eine Anrechnung von 50% bis 80% der Honorare einigen wird.

Carry

Alle drei Fonds haben einen branchenüblichen Carry von 20%. Dieser wird in allen

Fällen nach einer Vorzugsverzinsung von 8% fällig. In den weiteren Detailregelungen gibt es jedoch einige Unterschiede zwischen den drei Managern. Während bei Locust Partners III und Hands-On Capital III den Investoren zunächst das gesamte eingezahlte Geld sowie die Vorzugsverzinsung ausgezahlt werden und die Fondsmanager ihren Carry in Höhe von 20% der Gewinne erst anschließend erhalten, ist der Carry bei Industry Trend Investors III bereits fällig, sobald der Gesamtwert des Portfolios (inklusive der unrealisierten Beteiligungen) die Summe der eingezahlten Gelder zuzüglich der Vorzugsverzinsung überschreitet. Das kann dazu führen, dass der Carry bereits nach wenigen Jahren gezahlt wird, und die Manager von Industry Trend Investors daher eventuell mehr Wert auf schnelle Exits als auf langfristige Wertsteigerung legen. Ferner kann der Effekt eintreten, dass die Fondsrendite später wieder unter die Vorzugsrendite fällt. Dann müssen die Fondsmanager den Carry teilweise oder gänzlich wieder zurückerstatten, was für den Fall, dass einzelne

Notizen:

_____

_____

_____

_____

_____

_____

Manager das Unternehmen bereits verlassen haben, schwierig sein kann.

4) ERGEBNIS

Markus Mitte führt noch eine ganze Reihe weiterer Analysen, Referenzprüfungen und Managerinterviews durch. Dabei verfestigt sich der bereits in den obigen Analysen gewonnene Eindruck. Markus Mitte schlägt dem Investitionskomitee vor, sowohl in Hands-On Capital III als auch in Locust Partners III zu investieren. Industry Trend Investors III scheidet vor allem wegen der Managerrisiken aber auch wegen der ungünstigen Carry-Regelung aus. Er geht davon aus, dass die Manager von Hands-On Capital in der Lage sind, weitgehend unabhängig von der zukünftigen Marktentwicklung hohe Renditen zu erwirtschaften. Das Hauptrisiko bei der Investition in Hands-On Capital sieht er in dem engen Fokus auf nur wenige Branchen, deren zukünftige Entwicklung einige Risiken in sich bergen. Die Strategie von Locust Partners sieht er trotz der beeindruckenden Erfolge in der Vergangenheit etwas skeptischer; sie könnte in dem immer effizienter werdenden Buyout-Markt in Zukunft weniger erfolgreich sein. Da die beiden Teams komplementäre Strategien verfolgen, hält es Markus Mitte dennoch für sinnvoll in beide Fonds zu investieren, allerdings mit einer unterschiedlichen Gewichtung. Er schlägt vor, 13 Mio. Euro in Hands-On Capital III und 7 Mio. Euro in Locust Partner III zu investieren. Dieser Vorschlag wird akzeptiert und nun verfolgt Markus Mitte mit Spannung die Entwicklung der beiden Fonds. Sobald die realisierte Nettorendite aus den Fondsbeteiligungen mindestens 8 % beträgt, was er für 2013 erwartet, wird er am Erfolg beteiligt.

5) FRAGEN UND AUFGABEN

Verständnisfragen

1. Welche Gesichtspunkte sind bei der Analyse der Renditen von Buyout-Fonds zu berücksichtigen?

2. Auf welche Art und Weise werden die Fondsmanager von Private Equity-Fonds vergütet?

3. Welche drei Möglichkeiten zur Steigerung des Eigenkapitalwertes gibt es und wie ist die Nachhaltigkeit dieser drei Möglichkeiten zu bewerten?

Transferfragen

1. Warum kann ein Branchenfokus sinnvoll sein?

2. Welches sind die größten Managerrisiken bei Buyout-Fonds?

3. Aus welchen Gründen ist die Fondsauswahl in der Praxis komplexer als in der Fallstudie dargestellt?

4. Warum sind IRRs zur Renditemessung besser geeignet als Multiples?

Notizen:

UWE FLEISCHHAUER

MANAGING PARTNER | FLEISCHHAUER, HOYER & PARTNER (FHP), PRIVATE EQUITY CONSULTANTS

DER SCORING-ANSATZ (FONDS-RATING) ZUR EVALUIERUNG VON POTENZIELLEN PRIVATE EQUITY-ZIELFONDS – DIE SICHTWEISE EINES INSTITUTIONELLEN INVESTORS IM RAHMEN EINES AUSWAHLVERFAHRENS

UWE FLEISCHHAUER | MANAGING PARTNER | FLEISCHHAUER, HOYER & PARTNER (FHP), PRIVATE EQUITY CONSULTANTS

DER SCORING-ANSATZ (FONDS-RATING) ZUR EVALUIERUNG VON POTENZIELLEN PRIVATE EQUITY-ZIELFONDS – DIE SICHTWEISE EINES INSTITUTIONELLEN INVESTORS IM RAHMEN EINES AUSWAHLVERFAHRENS

107

Die Versicherung »El Seguro« (fiktiver Name) möchte erstmalig in die Anlageklasse Private Equity investieren. Die Auswahl der entsprechenden Partnerfonds soll mittels eines standardisierten Prozesses und systematischen Auswahlverfahrens erfolgen.

1) EINLEITUNG

Private Equity hat als Finanzierungsform für Unternehmen in den letzten Jahren signifikant an Bedeutung gewonnen. Private Equity steht dabei für vorbörsliches, haftendes Eigenkapital und deckt das gesamte Spektrum des Beteiligungskapitals von Venture Capital (Early Stage-Finanzierung von Technologieunternehmen in frühen Unternehmensphasen) über Wachstumsfinanzierungen mittelständischer Unternehmen (Later Stage) bis hin zu großen, voluminösen Buyout-Transaktionen ab. Die Beteiligungsgesellschaften profitieren dabei von der nachhaltigen Wertsteigerung ihrer Portfolio-Unternehmen und der anschließenden Veräußerung.

In großem Maße können auch institutionelle Investoren von den Potenzialen dieser Finanzierungsform profitieren, in dem sie als Kapitalgeber für die Private Equity-Fonds auftreten. Im Mittelpunkt des Interesses der Investoren stehen aktuell noch immer traditionelle Anlageformen wie Anleihen, Aktien oder Geldmarktprodukte. Durch die vergangene Aktienbaisse und einer parallel anhaltenden Niedrigzinsphase machen sich Asset Manager der Banken, Pensionskassen, Stiftungen, Versicherungen, Versorgungswerke etc. verstärkt auf die Suche nach alternativen Anlagestrategien, die den Renditeverfall bremsen und einen Beitrag zur Portfolio-Diversifizierung leisten sollen. In diesem Umfeld rückt Private Equity mit seinen hohen Renditepotenzialen als attraktive alternative Anlageklasse zunehmend in den Blickpunkt vieler institutioneller Investoren.

In dieser in Europa noch relativ jungen Industrie ist bei so manchen Investoren allerdings auch schon schnell wieder Ernüchterung eingetreten. Da einige Investoren in der Vergangenheit ihre Fondsinvestments eher zufällig als einer systematischen Vorgehensweise folgend getätigt haben, sind die Renditen nicht selten deutlich unter den Erwartungen geblieben. Die Anlageklasse Private Equity zeichnet sich durch Intransparenz und Komplexität aus. Es handelt sich um einen Nischenmarkt für ausgewiesene, erfahrene Branchenexperten.

Daher ist eine systematische – auf klar definierten Kriterien beruhende – Vorgehensweise für den Eintritt und die Betreuung der Anlageklasse Private Equity und letztendlich zur optimierten Auswahl von Private Equity-Zielfonds unabdingbar.

Die für diese Case Study zugrundeliegende Versicherung *»El Seguro«* hatte bis dato eine sehr konservative Anlagestrategie gefahren und schwerpunktmäßig in Rentenpapiere und zu einem sehr geringen Anteil in Aktien investiert. Die Anlageklasse Private Equity

Notizen:

_____

_____

_____

_____

_____

UWE FLEISCHHAUER | MANAGING PARTNER | FLEISCHHAUER, HOYER & PARTNER (FHP), PRIVATE EQUITY CONSULTANTS

108

DER SCORING-ANSATZ (FONDS-RATING) ZUR EVALUIERUNG VON POTENZIELLEN PRIVATE EQUITY-ZIELFONDS
– DIE SICHTWEISE EINES INSTITUTIONELLEN INVESTORS IM RAHMEN EINES AUSWAHLVERFAHRENS

sollte im Zuge einer Diversifizierung, Risikostreuung und wachsenden Renditeansprüchen (Stichwort: »Outperformance Private Equity gegenüber anderen Anlageklassen«) erstmalig in das Portfolio aufgenommen werden.

Das für erfolgreiche Investments im Bereich der Alternativen Anlagen erforderliche Know-how und die damit verbundene Erfahrung stellen in dieser Anlageklasse deutlich höhere Anforderungen als dies im Bereich der traditionellen, transparenteren und weniger komplexen Anlagen der Fall ist.

Private Equity ist sehr heterogen und komplex und hat viele Dimensionen aufzuweisen. Auch weist Private Equity ein höheres Risikoprofil als klassische Anlageformen auf, was bei der grundsätzlichen Investitionsentscheidung vor dem Hintergrund der Asset Liability, der vorhandenen Reservequote oder des »Stress test« beispielsweise bei Versicherungen zu berücksichtigen ist. Neben unterschiedlicher

regionaler Fokussierung haben sich Beteiligungsfonds auch auf bestimmte Investitionsstrategien konzentriert. Private Equity ist von Natur aus auch ein Engagement mit langfristiger Bindungsfrist (durchschnittliche Fondslaufzeiten von zehn Jahren und mehr), fehlenden Rückflüssen in den Anfangsjahren und somit geringer Fungibilität, was bei der entsprechenden gesamten Asset Allocation-Strategie berücksichtigt werden muss. Dennoch hält eine zunehmende Zahl an institutionellen Investoren die Diversifizierung über alternative Anlageformen, insbesondere Private Equity, für »erwägenswert«.

2) AUSGANGSSITUATION

Aufgrund der hohen Komplexität und Intransparenz der Anlageklasse Private Equity war die Bereichsleitung »Kapitalanlagen« von »El Seguro« mit der Herausforderung konfrontiert, aus dem großen Universum an Anbietern den richtigen Partner für das eigene Haus auszuwählen:

Dabei wird die Güte eines Private Equity-Fonds vor allem anhand der durchführenden Personen sowie seines Track Records bzw. den in der Vergangenheit erzielten Renditen beurteilt.

Die Private Equity-Erfahrung und die Qualität des Managements, der Track Record sowie die entsprechende Fokussierung der Investment-Strategie heben sich auch im Rahmen einer von FHP Private Equity Consultants durchgeführten empirischen Analyse in Europa (Befragung von knapp 200 institutionellen Investoren im Jahr 2004) als die drei bedeutendsten Auswahlkriterien deutlich von den übrigen Anforderungen an eine Fondskonstruktion ab.

Private Equity ist *»people business«*. Auch die Kontinuität im Team spielt eine bedeutende Rolle. In diesem Zusammenhang möchten die Investoren sehen, ob der entsprechende Track Record auch wirklich von dem heutigen, eingespielten Team erzielt worden ist oder ob eine große Fluktuation stattgefunden hat.

Notizen:

UWE FLEISCHHAUER | MANAGING PARTNER | FLEISCHHAUER, HOYER & PARTNER (FHP), PRIVATE EQUITY CONSULTANTS

DER SCORING-ANSATZ (FONDS-RATING) ZUR EVALUIERUNG VON POTENZIELLEN PRIVATE EQUITY-ZIELFONDS
– DIE SICHTWEISE EINES INSTITUTIONELLEN INVESTORS IM RAHMEN EINES AUSWAHLVERFAHRENS

109

Abb. 1: *Dachfonds als spezifische Anlageform (-vehikel)*

Anforderungsprofil an Dachfonds
Dachfonds (FoF) dienen als...
■ ... »Risikostreuung«
■ ... »Einstiegsvehikel«
■ ... »strategische Ergänzung«
■ ... »interne Ressourcen«
Über 90 FoF in Europa:
■ **Vorsicht:** Signifikante Qualitäts- und Performance-Unterschiede
Zu Beachten:
■ Stattfindender Konzentrationsprozess

➡ **Anforderungen an FoF-Spezialisten**[1]

1) Private Equity-Expertise
(langjährige Erfahrung des Managements)

2) »Gatekeeper«
(Zugang zu Top Quartile)

3) Track Record
(überdurchschnittliche Performance über Fondgeneration)

4) Transparenz

5) Diversifikation
(strategische Ergänzung zum eigenen Portfolio)

6) Back Office
(Due Diligence-Ressourcen, Reporting, Monitoring)

Quelle: FHP Private Equity Consultants (Empirische Analyse 2003/2004 bei knapp 200 institutionellen Investoren in Europa)

1) nach Anzahl Nennung / Wichtigkeit geordnet

Alle Investoren in Private Equity-Fonds möchten Zugang zu den (wenigen) Top-Fonds auf dieser Welt finden. Als Top Quartile-Fonds werden diejenigen Fondskonstruktionen bezeichnet, deren Performance in der Vergangenheit in der Gruppe der oberen 25 % des Gesamtmarktes lag.

So brachten beispielsweise seit Beginn der Performance-Messungen im Jahr 1980 Buyouts in Europa im Durchschnitt 12,3 % und Venture Capital 6,0 % Rendite p.a. (per 31.12.2004). Das Top Quartile-Segment erreichte dagegen bei Buyouts 28,7 %, bei Venture Capital 18,6 %. Somit übertreffen die Top Quartile-Fonds die Durchschnittsrenditen um das Zwei- bis Dreifache.

Die Performance-Unterschiede sind bei den verschiedenen Fondsmanagern im Bereich Private Equity im Vergleich zu Aktien- oder Rentenfonds somit besonders groß, wie auch die folgende Grafik zeigt:

Abb. 2: *Performance-Unterschiede nach Anlageklasse*

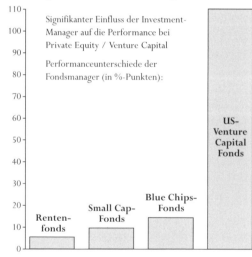

Quelle: ING BHF-Bank auf Basis von Venture Economics, Micropal (Zeitraum 1980-2000); FHP Private Equity Consultants

Notizen:

110

UWE FLEISCHHAUER | MANAGING PARTNER | FLEISCHHAUER, HOYER & PARTNER (FHP), PRIVATE EQUITY CONSULTANTS

**DER SCORING-ANSATZ (FONDS-RATING) ZUR EVALUIERUNG VON POTENZIELLEN PRIVATE EQUITY-ZIELFONDS
– DIE SICHTWEISE EINES INSTITUTIONELLEN INVESTORS IM RAHMEN EINES AUSWAHLVERFAHRENS**

Und wie werden institutionelle Investoren typischerweise auf einzelne (Top-) Fondskonstruktionen aufmerksam?

Die große Mehrheit gab im Rahmen der o.g. empirischen Analyse in diesem Zusammenhang an, durch die direkte Ansprache der im Fonds Raising-Prozess befindlichen Management-Gesellschaften allein passiv auf die potenziellen Zielfonds aufmerksam geworden zu sein. Über die Hälfte vertraut auch dem Informationsaustausch im Netzwerk, werden von Placement Agents angesprochen oder lernen Fonds auf Veranstaltungen kennen.

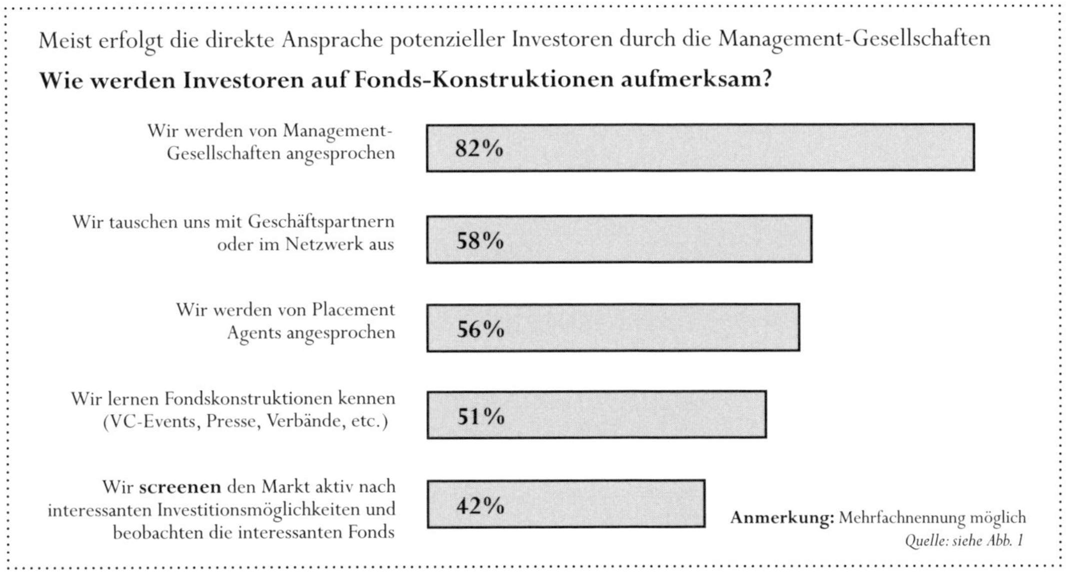

Weniger als die Hälfte nannte, den Markt aktiv und strukturiert zu »screenen«. Allein in dem europäischen Dachverband (EVCA) sind über 900 in Europa agierende Beteiligungsgesellschaften organisiert, weltweit existieren ca. 2.700. Zusätzlich sind weltweit über 130 Dachfonds aktiv. Die mangelnde Transparenz des Private Equity-Marktes wird von allen Seiten stetig beklagt.

Somit stand die in der Anlageklasse Private Equity bis dato unerfahrene Versicherung »El Seguro« bzw. der Bereich Kapitalanlagenmanagement vor der schweren Aufgabe, entsprechende Target-Fonds (Einzel- und/oder Dachfonds-Anbieter) zu identifizieren und nachfolgend (*siehe folgende Abbildung*) auf vergleichbarer Basis zu bewerten.

Aufgrund des Risikoprofils und der Expertise-Anforderungen wollte man aus den vorab aufgeführten Optionen zunächst keine Direkt-Investitionen in Einzelfonds tätigen, sondern zunächst über ausgewählte Dach-

Abb. 3: *Auswahlverfahren*

Meist erfolgt die direkte Ansprache potenzieller Investoren durch die Management-Gesellschaften

Wie werden Investoren auf Fonds-Konstruktionen aufmerksam?

Wir werden von Management-Gesellschaften angesprochen	**82%**
Wir tauschen uns mit Geschäftspartnern oder im Netzwerk aus	**58%**
Wir werden von Placement Agents angesprochen	**56%**
Wir lernen Fondskonstruktionen kennen (VC-Events, Presse, Verbände, etc.)	**51%**
Wir **screenen** den Markt aktiv nach interessanten Investitionsmöglichkeiten und beobachten die interessanten Fonds	**42%**

Anmerkung: Mehrfachnennung möglich
Quelle: siehe Abb. 1

Notizen:

UWE FLEISCHHAUER | MANAGING PARTNER | FLEISCHHAUER, HOYER & PARTNER (FHP), PRIVATE EQUITY CONSULTANTS

DER SCORING-ANSATZ (FONDS-RATING) ZUR EVALUIERUNG VON POTENZIELLEN PRIVATE EQUITY-ZIELFONDS
– DIE SICHTWEISE EINES INSTITUTIONELLEN INVESTORS IM RAHMEN EINES AUSWAHLVERFAHRENS

111

fonds-Experten in die Anlageklasse Private Equity expandieren.

Nachdem die Versicherung mit der Wahl eines Private Equity-Vehikels – Einstieg in die Anlageklasse Private Equity über ein oder mehrere Dachfonds-Anbieter – eine Schlüsselentscheidung über die Anlageform getroffen hat, war in einem nächsten Schritt die Frage der organisatorischen Umsetzung zu klären. Einzelfonds-Investments sollen erst in einem zweiten Schritt selektiv und parallel getätigt werden.

Abb. 4: *Anlageverhalten: Optionen*

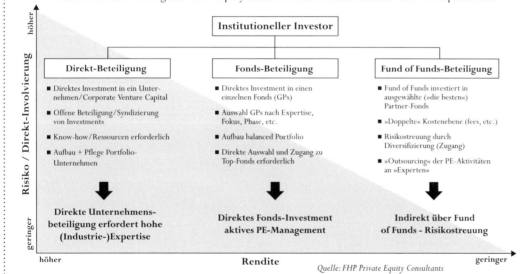

3) LÖSUNG: DAS AUSWAHLVERFAHREN

Für die Auswahl der entsprechenden Zielfonds (Partner) hatte die Versicherung »El Seguro« im Prinzip vier Lösungsmöglichkeiten anfänglich überprüft:

a) Auswahl unter Einbeziehung des Netzwerkes

Erfahrungsaustausch mit anderen Abteilungsleitern aus dem Bereich Kapitalanlagen von Versicherungen zur Sichtung möglicher Anbieter. Passiv wurde bereits auch der Bereich Kapitalanlagen der Versicherung »El Seguro« von mehreren Anbietern besucht, die alle ein »gutes Bild« abgaben und hohe Expertise sowie vielfältige Erfahrung aufwiesen. Ein Austausch mit Geschäftspartnern und Netzwerk zur Evaluierung kann durchaus sinnvoll sein, oft fehlt es aber auch bei den anderen Häusern an langfristigen Erfahrungen mit den Marktteilnehmern. Außerdem ist dieser Prozess »auf Zuruf« wenig systematisiert, nicht objektivierbar und auch nur schlecht doku-

Notizen:

UWE FLEISCHHAUER | MANAGING PARTNER | FLEISCHHAUER, HOYER & PARTNER (FHP), PRIVATE EQUITY CONSULTANTS

112

DER SCORING-ANSATZ (FONDS-RATING) ZUR EVALUIERUNG VON POTENZIELLEN PRIVATE EQUITY-ZIELFONDS
– DIE SICHTWEISE EINES INSTITUTIONELLEN INVESTORS IM RAHMEN EINES AUSWAHLVERFAHRENS

mentierbar. Der Entscheidungsprozess ist später kaum objektiv nachvollziehbar. Insbesondere aufgrund der fehlenden eigenen Erfahrung und eines sehr diffusen Marktbildes sowie subjektiver, stark divergierender Meinungen wollte man sich bei der Entscheidung für einen Dachfonds-Anbieter nicht auf diesen Lösungsansatz verständigen.

b) Sekundärdaten-Analyse

Auch überprüfte man die ausschließliche Einbeziehung einer Sekundärdatenanalyse zur Auswahl der entsprechenden Partnerfonds. Es gibt eine Reihe von Recherchemöglichkeiten sowie ausführliche Due Diligence-Informationen seitens der Anbieter. Hier stand man aber schnell vor dem Problem, nach welchen Kriterien eine Vorauswahl zu tätigen sei, zu viele Unterlagen sichten zu müssen und, vor allem, die entsprechende Evaluierung unterschiedlich aufbereiteter Informationen vornehmen und vereinheitlichen zu müssen. Auch wurde den Projektverantwortlichen schnell bewusst, dass diese Sekundärdatenanalyse nur als informativer

Rückhalt für die persönliche und Vor-Ort-Due Diligence in Frage kommt. Gerade bei den persönlichen Kontakten muss noch der entsprechende »fit« beider Partner verifiziert werden.

c) Internes Auswahlverfahren

Alternativ kam die Idee auf, intern einen strukturierten Auswahlprozess inkl. eines auf die Kundenbedürfnisse spezifischen Fragebogens durchzuführen. Als sehr hinderlich erwies sich hier, der fehlende Zugang zur Anlageklasse Private Equity. Man war sich weder bewusst über das Universum an Marktteilnehmern noch über die Schlüsselkriterien, die es zur Evaluierung der Dachfonds heran zuziehen galt. Problempunkt war hierbei somit definitv die eigene fehlende Erfahrung mit Private Equity, konkret auch die fehlende Transparenz über das Universum an Dachfonds (weltweit existieren ca. 130 Dachfonds-Anbieter) sowie die fehlende Beurteilungskraft hinsichtlich einzelner Anbieter. So reden alle Dachfonds beispielsweise gerne vom Zugang zu den weltweit besten Zielfonds, doch nur wenige haben ihn.

d) Internes Auswahlverfahren mit externer Unterstützung

Nachdem die Versicherung »El Seguro« sich grundsätzlich für die Durchführung eines systematisierten Auswahlprozesses entschieden hatte, wurde eine auf den Bereich Private Equity spezialisierte, unabhängige Unternehmensberatung mit an Bord geholt, die keine eigenen Fonds- oder Investmentaktivitäten unterhielt. Für das Auswahlverfahren wurde ein standardisierter Auswahlprozess mit Meilensteinen sowie ein entsprechendes Evaluierungsschema entwickelt – dieser Prozess sollte ein höchstes Maß an Objektivität gewährleisten. Auch durch die wachsenden Anforderungen seitens des BaFin (*Bundesanstalt für Finanzdienstleistungsaufsicht*) sollte das Thema Dokumentation und Nachhaltigkeit des Auswahlverfahrens eine wesentliche Rolle spielen. Mit Hilfe dieses Prozesses wollte der Bereich Kapitalanlagenmanagement der Versicherung »El Seguro« durch objektive und messbare Parameter, die beiden besten Partner identifizieren. Intern waren weder

Notizen:

UWE FLEISCHHAUER | MANAGING PARTNER | FLEISCHHAUER, HOYER & PARTNER (FHP), PRIVATE EQUITY CONSULTANTS

DER SCORING-ANSATZ (FONDS-RATING) ZUR EVALUIERUNG VON POTENZIELLEN PRIVATE EQUITY-ZIELFONDS – DIE SICHTWEISE EINES INSTITUTIONELLEN INVESTORS IM RAHMEN EINES AUSWAHLVERFAHRENS

113

die Ressourcen noch die Exeprtise für diesen zeitintensiven Prozess vorhanden. Letztendlich sollte die richtige Partnerauswahl die an Private Equity gestellten Renditeerwartungen gewährleisten.

Abb. 5: Screening- und Benchmark-Prozess

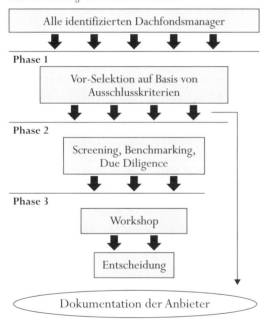

Im Sinne einer Vereinheitlichung und Objektivierung der Auswahl der/des Partner-Fonds wurde mittels eines standardisierten Scoring-Prozesses, die Identifikation, Due Diligence und letztendlich Auswahl der/des am besten geeigneten Fondsmanagers durchgeführt. Dabei wurde auf eine festgelegte und bewährte Systematik entsprechend des nachfolgend beschriebenen »Stufenmodells« und »Screening Tools« Wert gelegt. Dieses *Tool* beinhaltet den Screening-, Rating- und Auswahlprozess für die potenziellen Target-Fonds.

Dieser Prozess sollte für die Versicherung »El Seguro« als strategische Entscheidungshilfe bei der Auswahl eines Fonds-Anbieters und deren Bewertung dienen. Die potenziellen Zielfonds wurden im Rahmen dieses Prozesses beschrieben, »gefiltert« und anschließend mit Hilfe einer Scorecard als Benchmark evaluiert.

4) UMSETZUNG UND ERGEBNIS

Beschreibung des Lösungsweges d)

Die Umsetzung des vorab beschriebenen Screening-Prozesses erfolgte mit den folgenden quantitativen und qualitativen Parametern:

Abb. 6: Screening- und Benchmark-Prozess

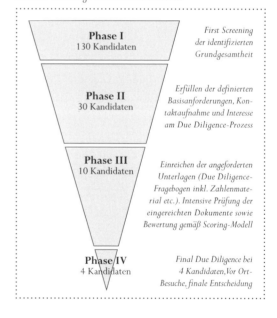

Notizen:

UWE FLEISCHHAUER | MANAGING PARTNER | FLEISCHHAUER, HOYER & PARTNER (FHP), PRIVATE EQUITY CONSULTANTS

114

DER SCORING-ANSATZ (FONDS-RATING) ZUR EVALUIERUNG VON POTENZIELLEN PRIVATE EQUITY-ZIELFONDS
– DIE SICHTWEISE EINES INSTITUTIONELLEN INVESTORS IM RAHMEN EINES AUSWAHLVERFAHRENS

Phase I

Die Management-Gesellschaften der potenziellen Partner-Fonds mussten zunächst bestimmte Basisanforderungen erfüllen. Bei dieser Vorselektion werden kundenindividuelle Kriterien im Vorfeld festgelegt. Diese können unterschiedlicher Natur sein und hängen – falls vorhanden – stark von den jeweiligen strategischen Vorgaben des Investors ab. Im Rahmen dieses Projektes der Versicherung »El Seguro« wurde in Phase I konkret überprüft, ob die Grundgesamtheit der identifizierten 130 Dachfonds folgende Basisanforderungen erfüllte:

• Kein First Time-Fonds

• Fondsgröße (Assets under Management > 1,0 Mrd. Euro)

• Mind. fünf Jahre Erfahrung (d.h. vintage 2000 oder älter)

• Erfahrungen im institutionellen Geschäft

• Erfahrungen/Büros/Ressourcen in Europa

Damit fiel bereits in einem ersten Schritt eine Zahl von 100 Dachfonds aus dem Auswahlprozess heraus – in Phase II wurde mit 30 Dachfonds »weitergearbeitet«.

Phase II

Konkret war es nun die Aufgabe der Projektverantwortlichen bei der Versicherung »El Seguro«, sich Transparenz über die identifizierten Dachfonds zu verschaffen, die alle die so genannten Basisanforderungen erfüllt haben (30 an der Zahl). Weiterhin sollte deren strategischer Ansatz verstanden und die verfügbaren Informationen auf eine vergleichbare Grundlage gestellt werden. Die Verantwortlichen haben sich über sekundäre und primäre Quellen (Referenzgespräche und Interviews mit ausgewählten Teams) im Detail über deren Profil informiert und den einzelnen Fondskonzeptionen nachfolgend einen detaillierten Due Diligence-Fragebogen mit fünf Themenblöcken (in Anlehnung an das für diesen Prozess entwickelte Scoring-

Modell) und insgesamt 50 Schlüsselfragen zu folgenden Themen zur Bearbeitung gegeben:

• *Management / Ressourcen*
Schwerpunkt ist die Bewertung der handelnden Personen und deren Erfahrung

• *Track Record*
Im Vordergrund steht hier die bis dato erzielte Performance

• *Terms & Conditions*
Neben laufenden fees werden auch die erfolgsabhängigen Komponenten bewertet

• *Produkt Dachfonds-Struktur*
Bewertung der Strukturen und Prozesse

• *Anlagestrategie*
Bewertung der Anlagestrategie und deren Umsetzung (Zielfonds, Zugang etc.)

Parallel zu den oben beschriebenen konkret messbaren Kriterien sind weitere so genannte »weiche Faktoren« (»soft facts«) in die Bewertung der verschiedenen Dachfonds in dieser Phase mit eingeflossen:

Notizen:

_____

_____

_____

_____

_____

_____

UWE FLEISCHHAUER | MANAGING PARTNER | FLEISCHHAUER, HOYER & PARTNER (FHP), PRIVATE EQUITY CONSULTANTS

**DER SCORING-ANSATZ (FONDS-RATING) ZUR EVALUIERUNG VON POTENZIELLEN PRIVATE EQUITY-ZIELFONDS
– DIE SICHTWEISE EINES INSTITUTIONELLEN INVESTORS IM RAHMEN EINES AUSWAHLVERFAHRENS**

115

- Reputation und Nachhaltigkeit

- Mitarbeit im Auswahlprozess und Integrationsfähigkeit

- Eingehen auf kundenindividuelle Vorstellungen

Auch diese Kriterien wurden in Anlehnung an das Scoring Modell mit Noten bewertet.

Alle identifizierten Teams werden dann in der Folgephase nach dem gleichen Schema bewertet und für Dritte nachvollziehbar beurteilt.

Phase III

In dieser Phase III wurden mit Hilfe des Scoring-Modells alle eingehenden und aussagefähigen Due Diligence-Dokumente (zehn an der Zahl) nach objektiven Maßstäben (Scorecard) beurteilt. Diverse potenzielle Zielfonds waren nicht in der Lage, die Unterlagen komplett auszufüllen, das Zeitfenster einzuhalten oder haben auch von sich aus Abstand von diesem Mandat genommen.

Das entwickelte Scoring-Modell für die Bewertung von Fondskonzeptionen stellt fünf zentrale Bewertungskriterien in den Vordergrund. Anhand der Beschreibung dieser Aspekte können Fondskonstruktionen umfassend und standardisiert beurteilt werden. Diese fünf zentralen Beurteilungskriterien wiederum wurden ihrer Bedeutung entsprechend unterschiedlich gewichtet:

Gewichtung:

- Management-Erfahrung/Team: 25%
- Track Record: 30%
- Terms & Conditions: 10%
- Dachfonds-Struktur/Prozesse: 20%
- Anlagestrategie: 15%

Anhand dieser detaillierten Scorecard werden Fondskonzeptionen beurteilt und mit quantifizierbaren Ergebnissen bewertet:

Tab. 1: Das Scoring-Modell dient der objektiven Bewertung potenzieller Zielfonds

Scoring-Modell (→ Dachfonds)						
Bewertungskriterien	Gewichtung (%)	Scoring-Modell (1-5 Punkte)				
		1	2	3	4	5
Management/Ressourcen	25	sehr schlecht	schlecht	angemessen	gut	sehr gut
Track Record	30	under-performig	schwach	Durchschnitt	gut	out-performing
Terms & Conditions	10	»sehr teuer«	»teuer«	angemessen	attraktiv	sehr attraktiv
Produkt-/Dachfonds-Struktur	20	sehr schlecht	schlecht	angemessen	gut	optimal
Anlagestrategie	15	sehr schlecht	schlecht	angemessen	gut	sehr gut
Total	100	1,0-1,9 sehr schlecht	2,0-2,9 schlecht	3,0-3,9 gut	4,0-4,4 sehr gut	4,5-5,0 außerordentlich

Notizen:

DER SCORING-ANSATZ (FONDS-RATING) ZUR EVALUIERUNG VON POTENZIELLEN PRIVATE EQUITY-ZIELFONDS – DIE SICHTWEISE EINES INSTITUTIONELLEN INVESTORS IM RAHMEN EINES AUSWAHLVERFAHRENS

Bisherigen (anspruchsvollen) Erfahrungen aus Marktsicht zufolge sind solche Fonds-konzeptionen empfehlenswert, die mindestens 80% der erreichbaren Punktezahl aufweisen.

Die fünf zentralen Beurteilungskriterien weisen aufgrund definierter (Sub-)Einzelkriterien einen hohen Detaillierungsgrad auf. Diese Einzelkriterien werden ebenfalls entsprechend ihrer Bedeutung unterschiedlich gewichtet. Dabei werden sowohl quantitative als auch qualitative Parameter berücksichtigt.

Je nach Vorgabe bestimmter Parameter seitens des Investors können individuelle Änderungen oder zusätzliche Kriterien mit in das Scoring-Modell aufgenommen werden. So würden auch bei der Bewertung von Direktbeteiligungen an Einzelfonds andere Kriterien eine Rolle spielen als bei reinen Dachfonds-Konstruktionen.

Die Beurteilung der Kriterien erfolgt jeweils nach den Klassifizierungsmöglichkeiten »schlecht«, »angemessen« (i.S. marktüblich bzw. Marktdurchschnitt) und »sehr überzeugend«, die mit der Punktzahl »1 (sehr schlecht), 3 (gut / angemessen) und 5 (außerordentlich gut)« korrespondieren. Für Abstufungen werden auch 2 bzw. 4 Punkte vergeben. Kriterien, die mit vier oder fünf Punkten bewertet werden, liegen somit über dem Marktdurchschnitt bzw. sind besser als marktübliche Gepflogenheiten. Die quantitativen Faktoren wurden vorab in (Benchmark) Klassen eingeteilt, um sicher zu stellen, dass jeder Fonds beispielsweise mit der gleichen Performance (im gleichen Segment) auch die gleiche Punktzahl erhält.

Der gesamte Auswahlprozess war von intensiven Gesprächen zwischen den Projektverantwortlichen und den einzelnen Dachfonds zur Klärung offener Punkte und Unklarheiten begleitet.

Aus den Analysen der Phase III ergab sich letztendlich eine »Favoritengruppe« von vier Dachfonds mit Bewertungen, die zwischen 88 % und 92 % der möglichen Punktzahl lagen. So entschloss sich dass Projektmanagement der Versicherung »El Seguro«, vier Dachfonds persönlich zu besuchen und noch eingehender zu analysieren.

Den vier Kandidaten wurden zum Zwecke der Vorbereitung der jeweils zweitägigen Vor-Ort-Besuche eine Tagesordnung sowie ein weiterer Fragebogen übersandt. Gleichzeitig hatte das Projektteam eine Checkliste wichtiger (offener) Fragen sowie einen Beurteilungsbogen vorbereitet. Mit Hilfe des Beurteilungsbogens haben die einzelnen Mitglieder des Due Diligence-Teams jeden Dachfonds anhand einer einheitlichen Struktur individuell bewertet. Die einzelnen Bewertungen wurden im Anschluss an die Due Diligence-Besuche zusammengeführt und ableitend Durchschnittsnoten ermittelt, die dann in eine Gesamtbewertung eingeflossen sind.

Notizen:

_____

_____

_____

_____

_____

_____

UWE FLEISCHHAUER | MANAGING PARTNER | FLEISCHHAUER, HOYER & PARTNER (FHP), PRIVATE EQUITY CONSULTANTS

DER SCORING-ANSATZ (FONDS-RATING) ZUR EVALUIERUNG VON POTENZIELLEN PRIVATE EQUITY-ZIELFONDS
– DIE SICHTWEISE EINES INSTITUTIONELLEN INVESTORS IM RAHMEN EINES AUSWAHLVERFAHRENS

117

Über die quantitative Beurteilung hinaus hat das Due Diligence-Team auch qualitative Aspekte beurteilt. Hierbei standen die Fragen im Vordergrund, wie intensiv sich die einzelnen Dachfondsmanager um das Mandat bemüht haben, wie das Engagement im Laufe des gesamten Prozesses beurteilt wurde, von welcher Qualität und Tiefe die zur Verfügung gestellten Unterlagen waren oder wie konstruktiv die Vorschläge der einzelnen Dachfonds hinsichtlich der für die Versicherung »El Seguro« wichtigsten Kriterien waren.

Letztendlich kam es zu einer Gesamtnote für jeden der vier verbliebenen Anbieter, aus denen zwei ausgewählt wurden. Die Entscheidung für zwei Partner fiel dabei vor allem aufgrund einer angedachten Risikostreuung über Regionen und Segmente, wo unterschiedliche Partner durchaus Stärken und Schwächen aufwiesen.

Nach der erfolgten, grundsätzlichen Investitionsentscheidung wurden die Eckpunkte der beabsichtigten gemeinsamen Zusammenarbeit zwischen dem Investor und den einzelnen Fondskonzeptionen ausgehandelt. Hierzu gehören vor allem die finale Ausgestaltung der Terms & Conditions und die Legal Due Diligence. Auch lag die endgültige Umsetzung der Anlagestrategie in den Händen des Dachfondsmanagers.

5) FAZIT

Mit Hilfe einer klaren Strategie können Investments in Private Equity-Fonds den Gesamtertrag der Portfolios institutioneller Anleger erheblich steigern als auch das Risiko-/Renditeprofil optimieren. Private Equity hat ein enormes Wachstumspotenzial und viele Institutionen werden künftig größere Beträge in diese Assetklasse umschichten.

Aber die Identifizierung, Auswahl und Bewertung potenzieller Target-Fonds gestaltet sich oft aufgrund der fehlenden Transparenz und geringen Expertise als komplexer und auch zeitintensiver Vorgang. Eine Investitionsentscheidung in einen Private Equity-Fonds ist ein langfristiges und in der Regel irreversibles Engagement. Parallel existiert ein nur rudimentär ausgeprägter Sekundärmarkt. Umso wichtiger ist die professionelle Selektion der Zielfonds im Vorfeld.

Dank des systematisierten Auswahlprozesses, eines weitgehend objektiven Scoring-Ansatzes zum Benchmarking diverser potenzieller Anbieter sowie externer Expertise, wurden zwei sehr kompetente Partner ausgewählt. Die detaillierte Dokumentation des Entscheidungsprozesses erleichtert nachfolgend die Herleitung der Entscheidungsfindung sowie einen Soll-/Ist-Vergleich hinsichtlich der strategischen Durchsetzung und Performance der ausgewählten Partner.

Notizen:

UWE FLEISCHHAUER | MANAGING PARTNER | FLEISCHHAUER, HOYER & PARTNER (FHP), PRIVATE EQUITY CONSULTANTS

118

DER SCORING-ANSATZ (FONDS-RATING) ZUR EVALUIERUNG VON POTENZIELLEN PRIVATE EQUITY-ZIELFONDS
– DIE SICHTWEISE EINES INSTITUTIONELLEN INVESTORS IM RAHMEN EINES AUSWAHLVERFAHRENS

6) FRAGEN UND AUFGABEN

Verständnisfragen

1. Warum entscheidet sich die Versicherung »El Seguro« für den Einstieg in die Anlageklasse Private Equity? Und warum über Dachfonds?

2. Mit welchen Herausforderungen ist die Versicherung »El Seguro« konfrontiert?

3. Welche Optionen hat die Versicherung »El Seguro« für die Auswahl der Partnerfonds?

4. Welche Vorteile und Nachteile beinhaltet jeder Lösungsansatz hinsichtlich Auswahl eines/mehrerer Zielfonds?

5. Welches sind die entscheidenen Faktoren für eine möglichst große Aussagekraft des Scoring-Ansatzes? Wo gibt es Stärken, wo Schwächen (Verbesserungspotenziale) bei diesem Ansatz?

Transferfragen

1. Ist dieser Scoring-Ansatz auch auf andere Anlageklassen übertragbar bzw. sinnvoll? Wenn ja, auf welche?

2. Worin liegen die Unterschiede zwischen der Auswahl eines Einzelfonds und der Auswahl eines Dachfonds? Welche Auswirkungen hat dies auf das Scoring-Modell?

3. Wie müsste man Private Equity im Vorfeld einer Investitionsentscheidung – unter Berücksichtigung einer Asset Liability-Analyse – bewerten?

4. Welche Unterschiede sind hinsichtlich der Investitionsentscheidung Private Equity bei Banken, Pensionskassen und Versicherungen zu berücksichtigen?

5. Wie schätzen Sie die Entwicklung von Private Equity, insbesondere in Kontinental-Europa, ein? Was bedeutet das für institutionelle Investoren unter Anlagegesichtspunkten?

Notizen:

_____

_____

_____

_____

_____

_____

TAMMO ANDERSCH & AXEL WERNICKE

HEAD OF CORPORATE RESTRUCTURING & DIRECTOR | KPMG

STABILISIERUNG, KONSOLIDIERUNG UND WACHSTUM FÜR EIN PRIVATE EQUITY-INVESTMENT – URSACHEN, MASSNAHMEN UND UMSETZUNG

TAMMO ANDERSCH & AXEL WERNICKE | HEAD OF CORPORATE RESTRUCTURING & DIRECTOR | KPMG

STABILISIERUNG, KONSOLIDIERUNG UND WACHSTUM FÜR EIN PRIVATE EQUITY-INVESTMENT – URSACHEN, MASSNAHMEN UND UMSETZUNG | **121**

Große Erwartungen des Private Equity-Investors, enttäuschende Ergebnisse – die Entwicklung eines Maschinenbauers in den ersten drei Jahren nach der Transaktion ist durch schleichende Erosion der strategischen Position, deutliche Schwächen in den operativen Prozessen und nicht angepasste Kostenstrukturen geprägt. Basis für die anfängliche Stabilisierung und anschließende Performancesteigerung war die transparente Offenlegung der Krisenursachen und die zielorientierte Ableitung des Handlungsbedarfes. Die Maßnahmen zur strategischen Neuausrichtung, Sortimentsanpassung, Prozessoptimierung sowie zum Abbau im Overhead und Working Capital wurden durch detaillierte Aktions- und Effektplanung hinterlegt. Innovative Planungs- und Controllingmethodik führten zur Übertragung der Realisierungsverantwortung auf der Grundlage von ROCE-Werttreibern auf eine breite Mitarbeiterbasis im Unternehmen. Investor und Bankenpool sind von der Tragfähigkeit des Turnaround-Konzeptes überzeugt und unterstützen pro-aktiv die konsequente und nachhaltige Umsetzung.

1) DIE AUSGANGSSITUATION

Die folgende Case Study zeigt einen realen Fall aus der Beratungspraxis von KPMG Advisory: KPMG hat im Auftrag eines Private Equity-Investors gemeinsam mit dem Management der Beteiligung ein Turnaround- und Zukunftskonzept erstellt. Die konkreten Unternehmensdaten wurden in der Weise abgeändert, dass ein Rückschluss auf die Unternehmensidentität ausgeschlossen ist; eine realistische Darstellung des Turnaround-Prozesses ist jedoch gewährleistet.

Die High Tech AG war 1987 aus dem Zusammenschluss mehrerer Geschäftsbereiche eines großen deutschen Technologiekonzerns entstanden. Das Unternehmen ist im Spezialmaschinenbau tätig und entwickelt Ma-

Tab. 1: *Überblick der Geschäftsbereiche der High Tech AG 2001 [Mio. Euro]*

	Elektro	Medizin	Auto	Service	Overhead	High Tech AG
Marktanteil	31 %	22 %	60 %	n.a.		
Umsatzerlöse	100	30	50	20	-	200
EBIT/ (ROS)	16 (10%)	3 (10%)	11 (22%)	4 (20%)	-14	20 (10%)

Notizen:

schinen für unterschiedliche Applikationen in der Elektrotechnik, Medizintechnik und in der Automobilzulieferindustrie. Zusätzlich bietet ein vierter Geschäftsbereich Serviceleistungen an. Im Geschäftsjahr 2001 erzielte die High Tech AG mit 630 Mitarbeitern Umsatzerlöse von 200 Mio. Euro und ein EBIT von 20 Mio. Euro.

Die High Tech AG betreibt ihr Geschäft vom deutschen Headquarter mit angeschlossenem Produktionsbetrieb aus. Der Vertrieb wird durch sechs Auslandsniederlassungen in Europa, USA und Asien unterstützt, die zusätzlich regionale Serviceleistungen erbringen.

Das Businessmodell der High Tech AG ist im Wesentlichen geprägt durch:

- Auftragsfertigung mit einem durchschnittlichen Auftragswert von 750.000 Euro und einer Auftragsdurchlaufzeit von sechs Monaten

- Große Unternehmen als Abnehmer in Asien (60%), Europa (35%) und USA (15%)

- Marktführerschaft in Nischenmärkten durch sehr hohe technologische Kompetenz bei hohem Wachstumspotenzial

- Hohe Komplexität in den operativen Prozessen, welche u.a. in der ausgeprägten Maschinenvielfalt und Wertschöpfungstiefe begründet ist.

Der Vorstand der Muttergesellschaft hatte sich im Rahmen seiner Fokussierungsstrategie in 2001 zum Desinvestment der Maschinenbauaktivitäten entschlossen. Die Beteiligung an der High Tech AG wurde Ende 2001 von der Private Equity-Gesellschaft ABC erworben. Wesentliche Elemente des Deals waren: Entry Multiple von 10 auf Basis EBIT 2001 mit Earn-Out-Klausel und geplanter Exit in 2008. Die Kaufpreisfinanzierung erfolgte als strukturierte Finanzierung zu 30% mit Eigenkapital und zu 70% mit Fremdkapital über einen Bankenpool. Die Fremdfinanzierung erfolgte zu 40% über ein bis zum Exit in 2008 tilgungsfreies Darlehen, das durch ABC rückverbürgt wurde (»Guaranteed Facility«), zu 40% über Mezza-

nine-Darlehen mit Tilgungsbeginn in 2005 und zu 20% über ein kurzfristiges Darlehen (»Senior Debt Facility«) mit Tilgungszeitraum 2002-05. Darüber hinaus wurde der High Tech AG eine Kontokorrentlinie in Höhe von 5% der Jahresleistung eingeräumt.

Die Erwartungen des Investors ABC an die weitere Entwicklung der High Tech AG waren hoch. Durch Ausbau der strategischen Position im Markt sollte ein überdurchschnittliches Wachstum realisiert werden. Das Management der High Tech AG erfüllte diese Erwartungen nicht: In einem Zeitraum von lediglich drei Jahren entwickelte sich das Unternehmen zu einem Restrukturierungsfall und Underperformer im relevanten Markt.

Der Rückgang im EBIT um 21 Mio. Euro resultiert aus dem dramatischen Umsatzeinbruch in den Geschäftsbereichen Elektro (-36% seit 2001) und Medizin (-23%). Neben marktbedingten Sondereinflüssen (bspw. durch temporäre Überkapazitäten in der

Notizen:

TAMMO ANDERSCH & AXEL WERNICKE | HEAD OF CORPORATE RESTRUCTURING & DIRECTOR | KPMG

STABILISIERUNG, KONSOLIDIERUNG UND WACHSTUM FÜR EIN PRIVATE EQUITY-INVESTMENT – URSACHEN, MASSNAHMEN UND UMSETZUNG | **123**

Telekommunikation aufgrund des Booms in 2001/02) ist der Umsatzrückgang auf deutliche Marktanteilsverluste zurückzuführen. Negativ auf die EBIT-Entwicklung wirkten sich auch Margenverluste von fast 3% und nicht an die verschlechterte Auftragslage angepasste Kapazitäten in Fertigung und Overhead aus.

Zusätzlich zum Verlust der Profitabilität beeinflusste auch die ansteigende Kapitalbindung im Working Capital die Liquiditätsentwicklung negativ. Der Liquiditäts-Forecast zeigte eine Liquiditätsunterdeckung von 4 Mio. Euro per 12/2004.

Das Management der High Tech AG präsentierte den Forecast für 2004 den Verantwortlichen von ABC gemeinsam mit einem Grobkonzept zur strategischen Neuausrichtung in einer Aufsichtsratssitzung. Daraufhin wurde dem Management eine Frist von sechs Wochen für die Erstellung eines tragfähigen

Abb. 1: Umsatz- und Ergebnisentwicklung High Tech AG 2001-2004 [Mio. Euro]

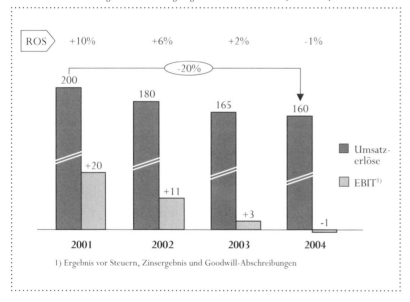

1) Ergebnis vor Steuern, Zinsergebnis und Goodwill-Abschreibungen

Abb. 2: Liquiditätsentwicklung High Tech AG 2001-2004 [Mio. Euro]

1) Veränderung Liquide Mittel abzüglich Kontokorrent-Inanspruchnahmen
2) Liquide Mittel zuzüglich freie Kontokorrentlinien

Notizen:

Turnaround-Konzeptes eingeräumt. Gleichzeitig wurde KPMG mit der Unterstützung bei der Umsetzung beauftragt und half maßgeblich bei der Suche und Einsetzung eines branchen- und funktionserfahrenen Interimsmanager (CRO).

Ausgangspunkt des Projektes war ein detaillierter Business Review. KPMG hat die strategische Positionierung der einzelnen Geschäftsbereiche und die Markt- und Wettbewerbsentwicklung, die operativen Prozesse und die Ertrags-, Vermögens- und Finanzlage analysiert. Die dabei ermittelten Performanceschwächen waren Basis für die Ableitung des Handlungsbedarfes und der Leitlinien für die Restrukturierung der High Tech AG. Die für den Turnaround und das zukünftige Wachstum erforderlichen Maßnahmen wurden in gemischten Teams mit den Know-how-Trägern im Unternehmen identifiziert und quantifiziert. Die einzelnen Ergebnis- und Liquiditätseffekte der Restrukturierungsmaßnahmen bildeten die Basis für den integrierten Businessplan 2005-06. Nach erfolgreicher Konzeptpräsentation hat KPMG das Unternehmen aktiv in der Phase der Maßnahmenumsetzung und des Controllings des Projektfortschritts unterstützt.

Abb. 3: Phasen des Turnaround-Prozesses der High Tech AG

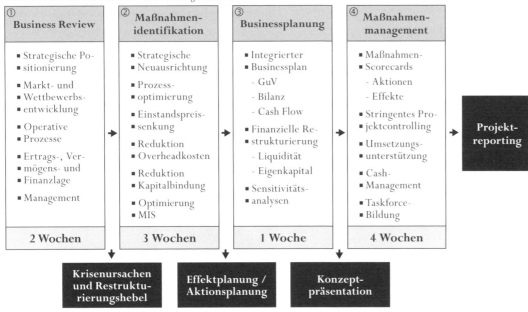

2) DER BUSINESS REVIEW

Strategische Positionierung

Die Geschäftsbereiche der High Tech AG gehören in ihren Marktsegmenten zu den Marktführern (Elektro und Medizin: Nr. 2, Auto: Nr. 1). Historisch ist diese Marktpo-

Notizen:

TAMMO ANDERSCH & AXEL WERNICKE | HEAD OF CORPORATE RESTRUCTURING & DIRECTOR | KPMG

STABILISIERUNG, KONSOLIDIERUNG UND WACHSTUM FÜR EIN PRIVATE EQUITY-INVESTMENT – URSACHEN, MASSNAHMEN UND UMSETZUNG | **125**

sition in der technologischen Kompetenz und der Vielzahl der Maschinenfunktionalitäten begründet: Die vom Unternehmen entwickelten Maschinen weisen Performance-Kennzahlen (gemessen bspw. an der pro Stunde bearbeiteten Werkstücke) auf, die von Konkurrenten nicht erreicht werden.

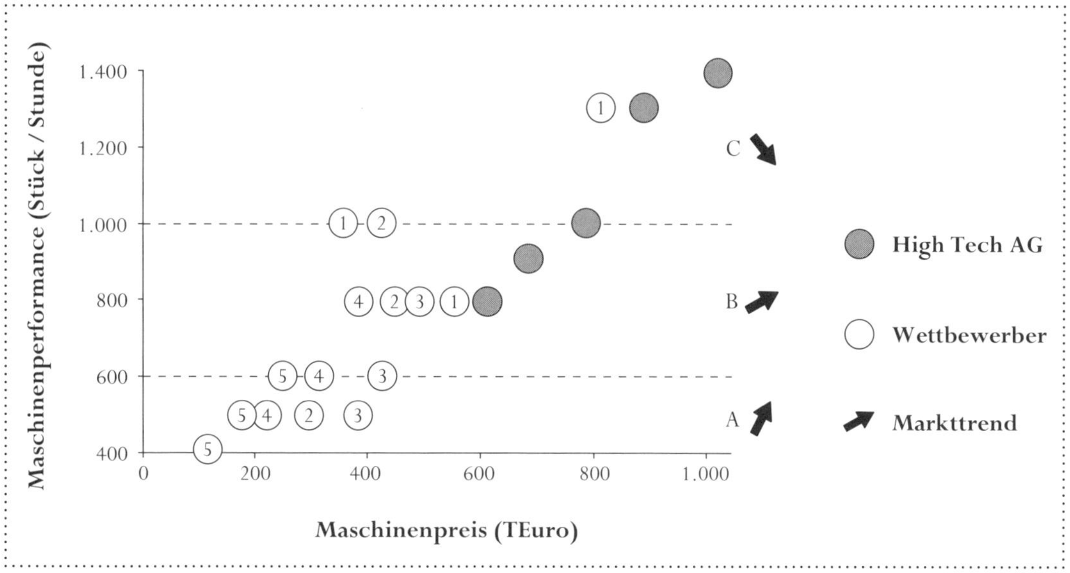

Gemeinsam mit den jeweiligen Geschäftsbereichsleitern wurden detaillierte Markt- und Wettbewerbsanalysen erstellt. Die Darstellung der strategischen Position erfolgte für einzelne Maschinentypen im Konkurrenzvergleich anhand der Merkmale Maschinenperformance und -preis:

Abb. 4: Markt- und Wettbewerbsanalyse GB Elektro

Auf Basis der einzelnen Markt- und Wettbewerbsanalysen erfolgte die eindeutige und auch für Dritte nachvollziehbare Bestimmung der Ursachen für die dramatischen Umsatzverluste:

• Maschinensortiment der High Tech AG beschränkt auf Hoch- (C) und Mittelpreis-Segment (B) mit Funktionalitäten, die insbesondere asiatische Kunden nicht mehr nachfragen

• Wettbewerber mit deutlich besseren Price-Performance-Ratios

• Abnehmermärkte mit Trend zu Maschinensegmenten mit geringerer Performance und entsprechend geringeren Maschinenpreisen

Operative Prozesse

Das Maschinensortiment der High Tech AG begründet durch seine hohe Komplexität die Schwächen in den Prozessen des Unternehmens: breit diversifiziertes Produktportfolio,

Notizen:

sehr hohe Individualisierung der Maschinen ohne Nutzung der Modularbauweise bei ausgeprägter Wertschöpfungstiefe.

Damit verbunden ist zum einen ein sehr hoher Konstruktionsaufwand für die einzelne Maschine. Zum anderen bedeuten die geringe Standardisierung und der hohe Eigenleistungsanteil aus Beschaffungssicht eine immense Anzahl an Einkaufsartikeln und Bestellvorgängen.

Abb. 5: Einkaufsanalysen High Tech AG

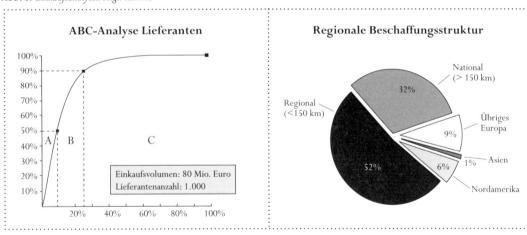

Der Produktionsbereich des Unternehmens ist – abhängig von der Auftragslage – durch hohe Schwankungen in der Kapazitätsauslastung gekennzeichnet. Die ausgeprägte Komplexität des Maschinensortiments führt zu durchschnittlichen Auftragsdurchlaufzeiten, die nicht mehr wettbewerbsfähig sind; die Lieferzuverlässigkeit ist hinsichtlich der Einhaltung von vertraglich fixierten Lieferterminen seit 2001 kontinuierlich gesunken.

Unsere Analysen im Einkaufsbereich ergaben konkrete und umsetzbare Kostensenkungspotenziale:

1. Mit den Toplieferanten (A-Bereich) werden nur 50% des Einkaufsvolumens getätigt, ein klares Indiz für die notwendige Optimierung der Lieferantenstruktur in Richtung Bedarfs- und Lieferantenbündelung.

2. Es wird im Wesentlichen im Inland eingekauft und mit über 50% sogar regional innerhalb eines Umkreises von 150 km vom Headquarter entfernt. Asien wird als kostengünstiger Beschaffungsmarkt so gut wie nicht genutzt.

Folgende Schwächen in der Organisation hielten wir fest:

• Gravierende Mängel im Management-Informationssystem: Fehlerhafte Auftragskalkulationen, zu optimistische Planungen, keine rollierende Liquiditätsvorschau.

Notizen:

TAMMO ANDERSCH & AXEL WERNICKE | HEAD OF CORPORATE RESTRUCTURING & DIRECTOR | KPMG

STABILISIERUNG, KONSOLIDIERUNG UND WACHSTUM FÜR EIN PRIVATE EQUITY-INVESTMENT – URSACHEN, MASSNAHMEN UND UMSETZUNG **127**

• Die Geschäftsbereiche werden im Wesentlichen über Umsatz gesteuert – eine eindeutige Ergebnisverantwortung fehlt.

• Die Mentalität der Mitarbeiter ist durch die Konzernzugehörigkeit in der Vergangenheit geprägt und entspricht nicht den Wettbewerbsanforderungen: Schnelligkeit, Flexibilität, Anpassungsbereitschaft.

Ergebnisse des Business Reviews im Overhead waren insbesondere:

• Sortimentskomplexität bindet erhebliche Kapazitäten in Entwicklung, Konstruktion, Einkauf und Vertrieb

• Ausgeprägter Ressourceneinsatz in Forschung und Entwicklung ohne Fokussierung auf strategisch relevante Projekte mit deutlichen Ertragspotenzialen

• Kostenintensität im Vertriebsbereich durch fehlende Zentralisierung von geschäftsbereichsübergreifenden Funktionen und nicht marktgerechten Provisionsvereinbarungen negativ beeinflusst

Ertragslage

Ein wesentlicher Grund für den Verlust der Profitabilität ist auch in den Kostenstrukturen im Overhead-Bereich der High Tech AG zu sehen. Bereits im Ausgangsjahr des Business Reviews waren die Overheadkosten mit 30% der Umsatzerlöse nicht wettbewerbsfähig. Darüber hinaus sind die Kosten nicht an die gesunkene Betriebsleistung angepasst worden: In 2004 machten die Overheadkosten mit 61 Mio. Euro eine Kostenintensität von 38% des Umsatzes aus.

Tab. 2: Analyse Kostensenkungspotenzial Overhead High Tech AG [Mio. Euro/Anzahl]

Funktion	Kosten 2004	Mitarbeiter 12/2004	Kostenintesität	Kostensenkungspotenzial
Forschung & Entwicklung	17	95	12% vom Maschinenumsatz	➡ 30% insbesondere durch Fokussierung auf strategisch relevante Projekte
Vertrieb	29	105	18% vom Umsatz	➡ 15% (Provisionsvereinbarungen, Komfortgrad, Zentralfunktionen)
Einkauf	4	18	5% vom Einkaufsvolumen	➡ 25% durch Bedarfs- und Lieferantenbündelung
Finanzen & Controlling	7	30	4% vom Umsatz	➡ 15% (Zentralisierung Auslandsniederlassungen, Gegeneffekt: Aufbau MIS)
Sonstiger Overhead	4	22	2,5% vom Umsatz	➡ 25% (Outsourcing, Komfortgrad)
Summe Overhaed	**61**	**279**	**38% vom Umsatz**	➡ **Kostensenkungspotenzial: 12 Mio. Euro (20% der Kosten 2004)**

Notizen:

- Auslandsniederlassungen mit selbstständigen Verwaltungsstrukturen

- Sehr hohes Gehaltsniveau und übertriebener Komfortgrad (Reisekosten, Dienstwagen etc.) aufgrund der ehemaligen Konzernzugehörigkeit

- Mangelndes Kostenbewusstsein in allen Hierarchiestufen, auch hervorgerufen durch fehlende Sachkosten-Budgetierung auf Ebene der Kostenstellenleiter.

Die Overhead-Analyse wurde abgerundet durch eine erste Abschätzung des Kostensenkungspotenzials. Gemeinsam mit Geschäftsleitung und Bereichsverantwortlichen hat KPMG die Kostenbelastung in den einzelnen Funktionen mit Benchmarks von Wettbewerbern verglichen. Die erzielten Ergebnisse waren für alle Seiten überraschend.

Die frühzeitige Einbindung der Funktionsverantwortlichen war der entscheidende Faktor für die Potenzialbestätigung in der anschließenden Phase des Turnaround-Prozesses.

Vermögens- und Finanzlage

Zusätzlich zur rückläufigen Ertragsentwicklung wirkte sich auch die gestiegene Kapitalbindung im Working Capital negativ auf die Liquiditätssituation des Unternehmens aus. Trotz Umsatzverlust von 20% im Zeitraum 2001 bis 2004 stieg das Working Capital um 2 Mio. Euro. Die Kapitalbindung im Working Capital betrug im abgelaufenen Geschäftsjahr durchschnittlich 57 Tage; im Ausgangsjahr des Business Reviews lag die Kapitalbindung lediglich bei 42 Tagen.

Die High Tech AG weist mit 77 Tagen eine viel zu hohe Vorratsreichweite auf. Die Ursache ist in der Komplexität des Maschinensortiments und der hohen Auftragsdurchlaufzeiten zu sehen; darüber hinaus wurden in 2004 Maschinen ohne Kundenauftrag mit Herstellungskosten von insgesamt 3 Mio. Euro angefertigt. Unter Berücksichtigung der Verrechnung von Anzahlungen (10-20% bei Auftragseingang, 50-60% bei Inbetriebnahme) liegt auch die Forderungslaufzeit mit 46

Tagen in 2004 deutlich über den Benchmarks der Wettbewerber. Eine Reduktion der Kapitalbindung kann hinsichtlich der Forderungen nur durch Prozessoptimierung im Rechnungswesen (Verbessertes Cash-Collecting) erzielt werden.

3. DIE LEITLINIEN DER RESTRUKTURIERUNG

Der zweiwöchige Business Review war der erste Schritt im Rahmen der erfolgreichen Restrukturierung der High Tech AG. Aus Sicht des Investors ABC wurde erstmalig Transparenz über den kritischen Zustand der Beteiligung, den zeitlichen Handlungsdruck und den notwendigen Handlungsbedarf geschaffen.

Die gemeinsam mit dem Management erarbeiteten Leitlinien der Restrukturierung wurden in einer Aufsichtsratssitzung präsentiert:

1. Strategische Neuausrichtung durch Entwicklung von marktfähigen Maschinen mit angepassten Funktionalitäten; die Steigerung des Marktanteils verlangt weiterhin

Notizen:

eine agressive Preispolitik und die Intensivierung der Marktpenetration in Asien

2. Die durch die strategische Neuausrichtung beabsichtigte Umsatzsteigerung muss eng durch die Optimierung der betrieblichen Prozesse begleitet werden

a. Produktivitätssteigerung (Reduktion der Durchlaufzeiten durch Einführung der Modularbauweise und Outsourcing der Vorfertigung, Design-to-cost-Konzepte und Flexibilitätssteigerung der Fertigungsteams)

b. Deutliche Einstandspreisreduktion durch Global Sourcing und Bedarfs- und Lieferantenbündelung

3. Deutliche Anpassung der Overheadkosten im Headquarter und in den Auslandsniederlassungen

4. Liquiditätsgenerierung durch Abbau der Kapitalbindung im Working Capital und Desinvestitionen

Die Leitlinien wurden durch finanzielle Zielgrößen für die Restrukturierung ergänzt. Gemeinsames Verständnis aller Beteiligten: Das Unternehmen muss nach erfolgreichem Turnaround eine Verzinsung des eingesetzten Kapitals (Capital Employed zuzüglich Goodwill zu historischen Anschaffungskosten) von mindestens 15% generieren. Auf der Grundlage der im Business Review ermittelten Potenziale wurde eine EBIT-Steigerung von 28 Mio. Euro

und die Reduktion im Capital Employed um 18 Mio. Euro bzw. 10% als finanzielle Zielgrößen für die Restrukturierung ermittelt.

4. DIE RESTRUKTURIERUNGS-MASSNAHMEN

Die im Business Review ermittelten Potenziale wurden in der anschließenden Projektphase bestätigt und mit Detailmaßnahmen

Abb. 6: *Finanzielle Zielgrößen der Restrukturierung der High Tech AG [Mio. Euro]*

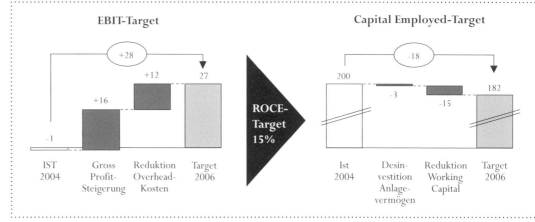

hinterlegt. In zehn Projektteams konnten Maßnahmen mit Ergebniseffekten von insgesamt 32,5 Mio. Euro für das Full Year 2006 und Liquiditätseffekte durch Abbau von Capital Employed von insgesamt 19 Mio. Euro identifiziert und detailliert werden.

Abb. 7: *Überblick Restrukturierungsmaßnahmen High Tech AG [Mio. Euro]*

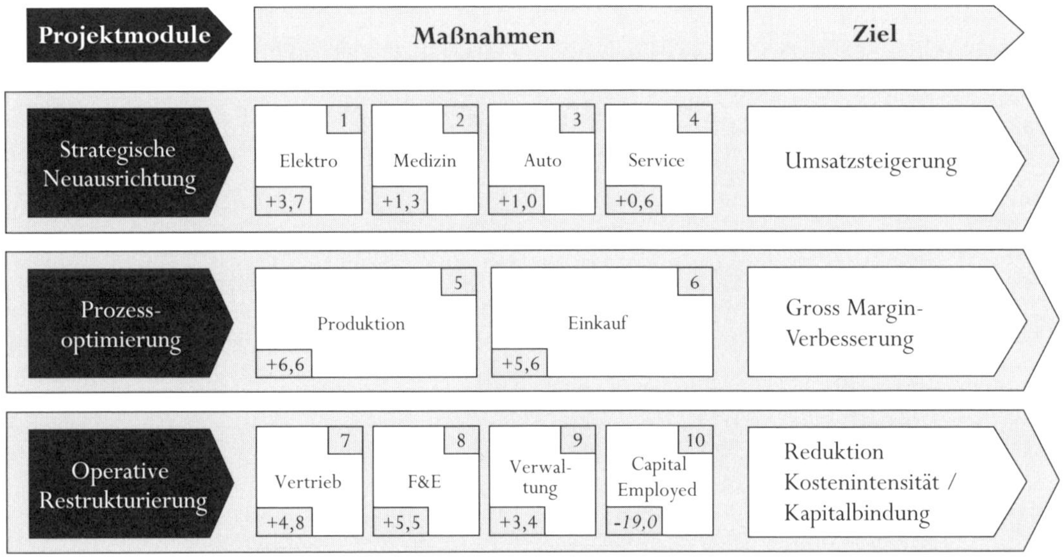

+4,8 Ergebniseffekt Full Year 2006 *(Kursiv: Liquiditätseffekt)*

Die Maßnahmen, die wir für die strategische Neuausrichtung der einzelnen Geschäftsbereiche identifiziert haben, bewirken einen Ergebniseffekt im Full Year von 6,6 Mio. Euro durch Umsatzwachstum. Die Optimierung der betrieblichen Prozesse drückt sich in der Reduktion der Herstellungskosten aus: Wir haben Maßnahmen zur Produktivitätssteigerung von fast 6,6 Mio. Euro und Maßnahmen zur Einstandspreissenkung von 5,6 Mio. Euro erarbeitet. Die den Overhead-Bereich betreffenden Maßnahmen führen zu einer Kostensenkung von 13,7 Mio. Euro im Planjahr 2006. Die Reduktion der Kapitalbindung wurde mit 19 Mio. Euro durch Maßnahmen hinterlegt. Die Vorgehensweise bei der Maßnahmenhinterlegung und deren Ergebnisse stellen wir im Folgenden vor.

Strategische Neuausrichtung

Das Projektteam »Strategische Neuausrichtung« konnte auf die umfangreichen Neuentwicklungen im Maschinenportfolio aufsetzen, welche das Management in 2004 initiierte. Ausgangspunkt für die Entwicklungsarbeiten, die per Ende des zweiten Quartals 2005 abgeschlossen wurden, waren die aufgezeigten Entwicklungen und Trends im Markt- und Wettbewerbsumfeld der Geschäftsbereiche.

Notizen:

Die Maschinen-Neuentwicklung musste sich nach den folgenden Marktbedingungen richten:

1. Es müssen flexible, preiswerte Basismaschinen entwickelt werden, die nach jeweiligem Kundenwunsch mit entsprechenden Features aufgerüstet werden können.

2. Dem Markttrend zu Maschinensegmenten mit geringerer Performance muss durch Neuentwicklungen Rechnung getragen werden.

3. Durch Anpassung der Preisgestaltung muss der Anschluss an Wettbewerber mit besseren Price-Performance-Ratios gefunden werden.

Innerbetriebliche Anforderungen an die strategische Neuausrichtung ergaben sich aus der Notwendigkeit einer deutlichen Komplexitätsreduktion und Anpassung der Herstellungskosten an die reduzierten Maschinenpreise:

4. Optimierung der Maschinenkonstruktion durch Anwendung der Modularbauweise und durchgängige Verwendung von Standardteilen; dadurch wird eine deutliche Reduktion der Montagekomplexität erreicht.

5. Ausbau des bereits eingeführten Design-to-cost Programms, bei dem in der Maschinenentwicklung konsequent die kostengünstigste Lösung für einzelne Komponenten gesucht wird.

Auf der Grundlage der Maschinentypen wurde in den vier Projektteams die Umsatzplanung für 2005/06 bottom-up erarbeitet. Als Ergebnis liegt eine maßnahmenorientierte Umsatzplanung vor. Das bedeutet: Es ist eindeutig spezifiziert worden, mit welchen Ma-

Abb. 8: Entwicklung Umsatzerlöse High Tech AG 2004 bis 2006 [Mio. Euro]

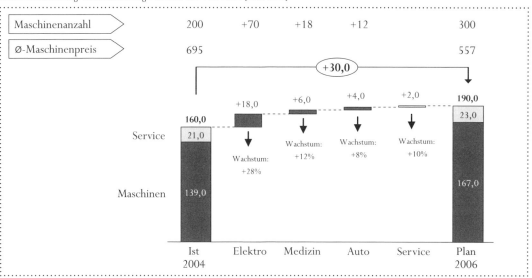

Notizen:

schinentypen, zu welchen Absatzpreisen, in welchen Absatzmärkten und mit welchen potenziellen Kunden die Umsatzerlöse in den einzelnen Planjahren erzielt werden sollen. Um das spätere Controlling der Maßnahmenumsetzung zu erleichtern, ergänzten wir die Umsatzplanung um eine Entwicklung des Auftragsbestandes und der zu generierenden Auftragseingänge je Maschinentyp auf Monatsbasis.

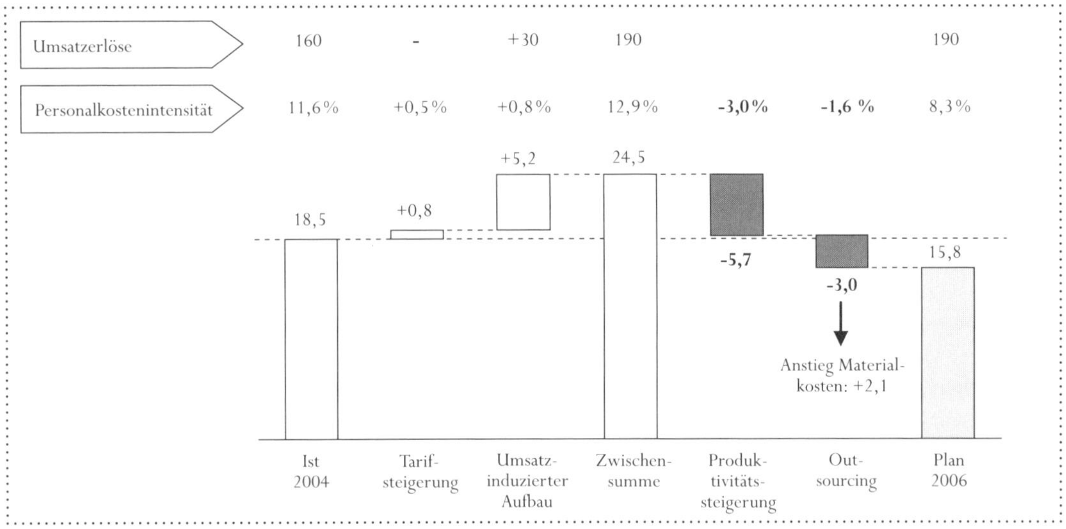

Prozessoptimierung

Wesentliche Rahmenbedingungen für die Maßnahmenidentifikation im Projektmodul »Produktion« sind durch die strategische Neuausrichtung und Neuentwicklung von Maschinentypen gesetzt worden. Zum einen die Reduktion der Montagekomplexität durch durchgängige Standardisierung und

Modularbauweise, zum anderen der geplante Anstieg der zu fertigenden Maschinen um 50% auf 300 Maschinen pro Jahr.

Der zusätzliche Handlungsbedarf für die Prozessoptimierung in der Produktion resultierte aus der Tatsache, dass die für 2006 geplante Maschinenanzahl nur bei zusätzlicher Verkürzung der Auftragsdurchlaufzeiten – über die konstruktiven Änderungen hinaus – gefertigt werden kann. Das Projektteam hat daher Maßnahmen zur kompletten Verlagerung der Modulvorfertigung für Maschinen der Geschäftsbereiche »Elektro« und »Auto« erarbeitet. Eine zusätzliche Maßnahme spezifizierten wir für die Optimierung der Organisation. Die Bildung von Produktions-Teams unter der Führung eines Supervisors soll die Verantwortung für Kosten, Qualität und Timing klarer zuordnen und verstärkt den Montageteams übertragen.

Die Detailplanung der Fertigungspersonalkosten zeigt, dass ein umsatzinduzierter Per-

Abb. 9: Entwicklung Personalkosten Fertigung High Tech AG 2004 bis 2006 [Mio. Euro]

	Ist 2004	Tarif-steigerung	Umsatz-induzierter Aufbau	Zwischen-summe	Produk-tivitäts-steigerung	Out-sourcing	Plan 2006
Umsatzerlöse	160	–	+30	190			190
Personalkostenintensität	11,6%	+0,5%	+0,8%	12,9%	**-3,0%**	**-1,6 %**	8,3%

Anstieg Material-kosten: +2,1

Notizen:

_____   _____   _____

_____   _____   _____

_____   _____   _____

_____   _____   _____

_____   _____   _____

TAMMO ANDERSCH & AXEL WERNICKE | HEAD OF CORPORATE RESTRUCTURING & DIRECTOR | KPMG

STABILISIERUNG, KONSOLIDIERUNG UND WACHSTUM FÜR EIN PRIVATE EQUITY-INVESTMENT – URSACHEN, MASSNAHMEN UND UMSETZUNG   **133**

sonalaufbau (Kostenanstieg: +5,2 Mio. Euro) durch produktivitätssteigernde Maßnahmen (Kostenreduktion: -5,7 Mio. Euro) vermieden bzw. überkompensiert wird. Neben diesem Abbau von 10 Mitarbeitern trägt die Verlagerung der Vorfertigung mit 55 Mitarbeitern zum Rückgang der Personalintensität um 3,3 Prozentpunkte auf 8,3% vom Umsatz bei.

Das Projektteam »Einkaufsoptimierung« konnte Maßnahmen zur Reduktion der Einstandspreise mit einem Ergebniseffekt von insgesamt 5,6 Mio. Euro hinterlegen. Die Projektarbeiten waren durch die detaillierte Identifikation von Einsparungen auf Ebene von Artikeln und Lieferanten bestimmt.

Unter dem Begriff »Global Sourcing« wurde die verstärkte Nutzung globaler, insbesondere asiatischer Bezugsquellen analysiert. Für ein verlagerungsfähiges Einkaufsvolumen von 15 Mio. Euro hat das Projektteam anhand von Artikelbeispielen um durchschnittlich 20% geringere Einstandspreise ermittelt (Einstandspreissenkung: 3 Mio. Euro). Maßnahmen zur Bedarfs- und Lieferantenbündelung mit einem Einsparvolumen von 2 Mio. Euro werden zu einer erheblichen Effizienzsteigerung führen: durch Konzentration auf Top-Lieferanten und Vermeidung ungebündelter Kleinstbestellungen kann die Lieferantenanzahl um 50% und die Anzahl der Bestellvorgänge drastisch reduziert werden.

Abb. 10: *Reduktion Overheadkosten High Tech AG [Mio. Euro / Anzahl]*

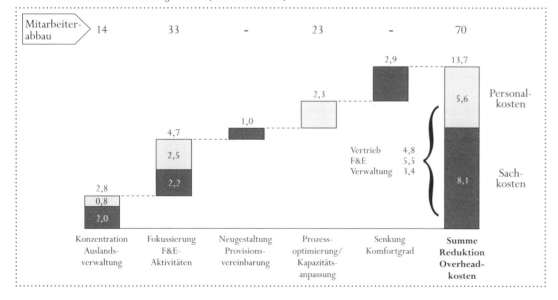

Operative Restrukturierung

Das im Business Review ermittelte Kostensenkungspotenzial für den Overheadbereich der High Tech AG ist durch Maßnahmen mit einer Einsparung von fast 14 Mio. Euro im Gesamtjahr bestätigt worden.

Notizen:

Die Verwaltungsfunktionen (Vertrieb, Finanzen und Controlling) in den vier europäischen Niederlassungen werden am deutschen Headquarter zentralisiert. Nach Maßnahmenumsetzung beschränken sich die Tätigkeiten in den Auslandsniederlassungen auf das operative Geschäft (Vertriebsleitung und Servicetechniker mit Homeoffice).

Abb. 11: Audit des F&E-Portfolios High Tech AG

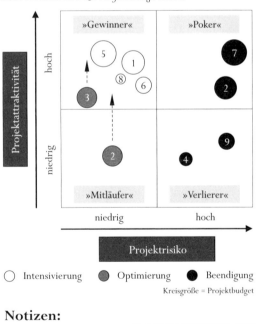

○ Intensivierung ● Optimierung ● Beendigung

Kreisgröße = Projektbudget

Als weitaus komplexer erwiesen sich die Projektarbeiten zur Fokussierung im F&E-Bereich der High Tech AG. Der Business Review führte zu eindeutigem Handlungsbedarf: Das Portfolio der F&E-Projekte ist nicht mit dem veränderten Markt- und Wettbewerbsumfeld und der daraus abgeleiteten Unternehmensstrategie abgestimmt, der Ressourceneinsatz in diesem Bereich ist mit der aktuellen Ertrags- und Finanzlage nicht vereinbar. Den Ausgangspunkt der Maßnahmenableitung stellte eine Bewertung der wichtigsten F&E-Projekte anhand Attraktivität (Strategischer Fit, Renditepotenzial) und Risiko aus technischer und wirtschaftlicher Sicht dar.

Ergebnisse des F&E-Audits:

1. Drei laufende und ein begonnenes Vorhaben wurden umgehend beendet.

2. Optimierung von zwei Vorhaben durch Anpassung an die Sortimentsveränderungen.

3. Intensivierung von vier Projekten (Budgeterhöhung zur Laufzeitverkürzung).

Die Neuausrichtung des Maschinenprogramms ermöglichte weit reichende Maßnahmen zur Prozessoptimierung und Kapazitätsanpassung im Overhead. Maßnahmenbeispiele:

1. Abbau von sieben Mitarbeitern in der Konstruktion als Folgeeffekt der Projektmodule »Modularbauweise« und »Outsourcing der Vorfertigung«

2. Abbau von 14 Vertriebsmitarbeitern (Sortimentsabrundung, Zentralisierung von Servicefunktionen, Implementierung einer einheitlichen Software zur Vertriebssteuerung).

Schwerpunkt der Projektarbeiten zum Working Capital war die Optimierung des Vorratsvermögens. Die Reduktion der Vorräte bis 12/2006 beträgt 15,6 Mio. Euro und ergibt sich als Folgeeffekt der Optimierung der betrieblichen Prozesse. Insbesondere durch Verkürzung der Durchlaufzeiten in der Fertigung und durch Outsourcing von kompletten Anlagenmodulen wird sich die Umschlagshäufigkeit signifikant erhöhen. Prozessverbesserungen im Cash-Collecting

Notizen:

TAMMO ANDERSCH & AXEL WERNICKE | HEAD OF CORPORATE RESTRUCTURING & DIRECTOR | KPMG

STABILISIERUNG, KONSOLIDIERUNG UND WACHSTUM FÜR EIN PRIVATE EQUITY-INVESTMENT – URSACHEN, MASSNAHMEN UND UMSETZUNG | **135**

sind die Voraussetzungen für die Reduktion der Forderungslaufzeit um 11 Tage (Liquiditätseffekt: 5,8 Mio. Euro). Die hinterlegten Maßnahmen betreffen die Verlagerung der Verantwortung für die Forderungseintreibung auf den Vertriebsbereich, die Implementierung eines Debitoren-Controllings und die Verbesserung des Mahnwesens.

Liquiditätseffekte werden zusätzlich durch Desinvestitionen von Fertigungsanlagen im Zuge der Verlagerung der Vorfertigung auf Outsourcingpartner und durch Sale-and-Lease-Back des Verwaltungsgebäudes generiert.

5) DIE BUSINESSPLANUNG

Restrukturierungsmaßnahmen sind aus unserer Sicht hinterlegt, wenn sie konzeptfähig sind, d.h. wenn sie über die Effektplanung (GuV, Bilanz, Liquidität auf Monatsbasis) hinaus durch eine Aktionsplanung (Einzelschritte, Verantwortlichkeiten, Zeitvorgaben) spezifiziert sind. Diese Vorgehensweise ermöglicht eine Verknüpfung der Maßnahmenpla-

nung mit der Businessplanung, die realistisch und damit tragfähig sein muss, um den Kapitalgebern eine Entscheidung für ihr Engagement (Liquiditätsbedarf, Kapitaldienstfähigkeit etc.) zu ermöglichen.

Für die monatliche Businessplanung im Turnaround-Prozess der High Tech AG hat KPMG eine innovative Planungsmethodik (»ROCE-driven Restructuring«) angewendet. Kernelement ist die detaillierte Auftei-

Abb. 12: ROCE-driven Restructuring

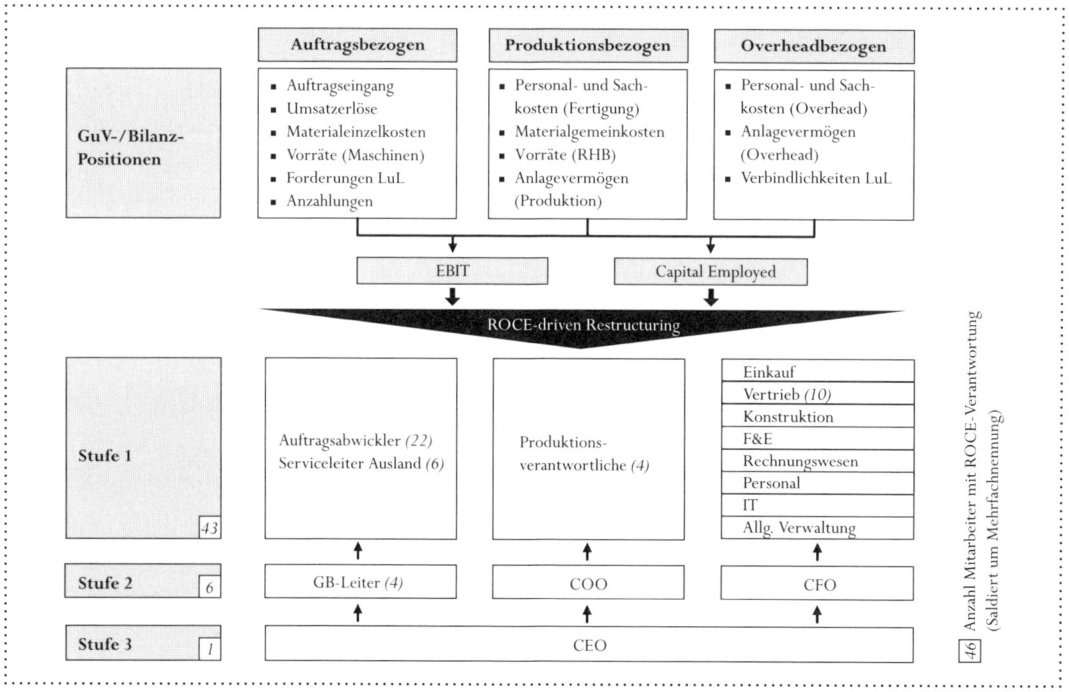

Notizen:

lung der Positionen der ROCE-Werttreiber »EBIT« und »Capital Employed« auf die Unternehmensverantwortlichen.

Wesentliche Grundlage des Businessplans High Tech 2005/06 war die Auftragsplanung. Je Maschinentyp spezifizierten wir einzelne Aufträge durch die Plangrößen Auftragseingang, Umsatzerlöse, Materialeinzelkosten und die Working Capital-Positionen über die Auftragslaufzeit auf Monatsbasis. Durch intensive Einbeziehung in die Planungsarbeiten konnte die Verantwortung für die auftragsbezogenen Wertreiber auf 22 Auftragsabwickler und sechs Serviceleiter im Ausland (Stufe 1) sowie auf die vier Geschäftsbereichsleiter in Stufe 2 übertragen werden.

Die Planung der produktions- und overheadbezogenen Wertreiber wurde detailliert auf Ebene von Kostenstellen vorgenommen. Die Verantwortung für die Realisierbarkeit der Monats-Planwerte 2005/06 haben 21 Kostenstellenleiter in Stufe 1 sowie COO und CFO (Stufe 2) übernommen.

Die detaillierte Vorgehensweise und das eindeutige Commitment der insgesamt 46 ROCE-Verantwortlichen im Turnaround-Prozess haben Aufsichtsrat und Fremdkapitalgeber von der Tragfähigkeit und Robustheit des Konzeptes überzeugt. Der Liquiditätsbedarf des Unternehmens konnte durch Tilgungsaussetzung und Gewährung eines Gesellschafterdarlehens gedeckt werden. Nach Restrukturierungsauszahlungen von 7 Mio. Euro in 2005 wird die Kapitaldienstfähigkeit in 2006 wieder erreicht. Der Businessplan 2006 enthält eine ausreichende Liquiditätsreserve in Höhe von 7,5 % des Jahresumsatzes.

Unser Planungsansatz hat die Implementierung eines stringenten Projektcontrollings für den Turnaround-Prozess der High Tech AG ermöglicht. Das Bindeglied zwischen monatlicher Businessplanung und der Zielerreichung im IST sind die »Turnaround-Scorecards«. Sie ermöglichen die effiziente Projektsteuerung auf Ebene von Modulen und auf Ebene der ROCE-Verantwortungsträger durch Beantwortung von zwei wesent-

lichen Fragen. Erstens: Werden die geplanten Aktionen fristgerecht umgesetzt? Zweitens: Werden die geplanten Effekte realisiert? Das Controlling erhält die unabdingbare Stringenz dadurch, dass die Scorecards in Summe EBIT und Capital Employed laut Businessplanung vollständig abbilden und Planabweichungen Verantwortlichen im Unternehmen zugeordnet werden.

6) DAS FAZIT

Nach acht Monaten Restrukturierung hat die High Tech AG bereits viel erreicht. Im Review-Meeting August 2005 berichteten wir über folgende Projektfortschritte:

1. Die Entwicklung der neuen Maschinentypen ist weitgehend abgeschlossen. Die Markteinführung hat im zweiten Quartal mit hoher Akzeptanz begonnen: Die Auftragseingangsentwicklung liegt im Plan.

2. Die Verhandlungen mit zwei Lieferanten zur Übernahme der Vorfertigung von An-

Notizen:

TAMMO ANDERSCH & AXEL WERNICKE | HEAD OF CORPORATE RESTRUCTURING & DIRECTOR | KPMG

STABILISIERUNG, KONSOLIDIERUNG UND WACHSTUM FÜR EIN PRIVATE EQUITY-INVESTMENT – URSACHEN, MASSNAHMEN UND UMSETZUNG · 137

lagemodulen einschließlich Übernahme von 60% der betreffenden Mitarbeiter und der Produktionsanlagen sind abgeschlossen.

3. Projektmodul »Einstandspreissenkung« mit unzureichendem Umsetzungsstatus; eine Task-Force zur Unterstützung des Einkaufsleiters wird gebildet.

4. Der Personalabbau in den Overheadfunktionen ist vollständig umgesetzt: Aussprache von 72 Kündigungen bis Ende Juli erfolgt, negative Planabweichungen im F&E-Bereich wurden durch Zusatzmaßnahmen im Vertrieb kompensiert. Die Sachkosten lagen im zweiten Quartal leicht unter Budgetniveau.

5. Die Liquiditätssituation entwickelt sich besser als geplant. KPMG hat einen »Cash-Desk« für das Cash In- und Cash Out-Monitoring auf Tagesbasis installiert.

Die Steigerung der Wettbewerbsfähigkeit der High Tech AG durch eine strategische Neuausrichtung, stringentes Liquiditätsmanagement und Erzielung einer nachhaltigen Rentabilität ist bei weiterer konsequenter Maßnahmenumsetzung gesichert. Schwerpunkte der Projektarbeiten in den nächsten Monaten sind intensive Marktbearbeitung und Kontrolle der Auftragseingänge und -margen sowie die konsequente Erfolgsmessung mit Hilfe des installierten Management-Informationssystems, um bei Planabweichungen frühzeitig Gegenmaßnahmen einleiten zu können.

7) FRAGEN UND AUFGABEN

Verständnisfragen

1. Welche Bedeutung hat ein Business Review im Turnaround-Prozess?

2. Was waren die auslösenden Faktoren für den Umsatzeinbruch?

3. Welche Schwächen weisen die operativen Prozesse im Unternehmen auf?

4. Welche Analysen sollten erhoben werden, um Maßnahmen zur Kostensenkung im Bereich Einkauf ableiten zu können?

5. Welches Ziel verfolgt das »ROCE-driven Restructuring«?

Transferfragen

1. Wie können Krisenursachen frühzeitig erkannt werden?

2. Wie gehen Sie bei der strategischen Neuausrichtung eines Unternehmens vor?

3. An welchen finanziellen Zielgrößen würden Sie den Erfolg eines Turnaround-Prozesses messen?

4. Wie werden die einzelnen Maßnahmen des Turnarounds detailliert?

5. Wie würden Sie einen Turnaround-Prozess steuern?

Notizen:

KAI SCHÄNZER & MICHAEL MOLLENHAUER

DIREKTOR & VORSTAND | MMC MOLLENHAUER MANAGEMENT CONSULTING AG

PRIVATE EQUITY-INVESTMENTS IN BESONDEREN SITUATIONEN
– AKTIONSPROGRAMM ZUR LEISTUNGSSTEIGERUNG

1) AUSGANGSSITUATION

Buyout eines traditionsreichen Unternehmens

Ende der Neunziger Jahre entschied sich der Eigentümer eines traditionsreichen Herstellers von Fenstern, Türen und Rolladensystemen, der *Venstra GmbH**, sein Unternehmen zu verkaufen. Die Gelegenheit war günstig: die Umsätze waren in den letzten Jahren weiter gestiegen, die Margen bleiben auf konstant hohem Niveau und das Unternehmen mit seinen Produkten war im Markt gut positioniert. An dem Unternehmen waren aufgrund des nachweisbaren Wachstumspfades und der stabilen Cash Flow-Mechanik auch Finanzinvestoren interessiert, von denen schließlich die MidCap Private Equity AG den Zuschlag erhielt.

Die MidCap Private Equity AG arbeitet mit einem Fondsvolumen von 150 Mio. Euro und hat insgesamt sechs Unternehmen unterschiedlicher Branchen in ihrem Portfolio. Die Kapitalgeber sind internationale institutionelle Investoren. Das Team von sechs Portfoliomanagern betreut die bestehenden Investments, ist aber natürlich besonders daran interessiert neue aussichtsreiche Unternehmen für das Portfolio zu identifizieren und zu erwerben.

Überzeugt von der Dynamik und der Leistungsfähigkeit des Unternehmens erwarb die MidCap Private Equity AG die Venstra GmbH im Jahre 1999 im Rahmen eines Leverage-Buyout. Als Exit-Option stellte man sich einen Verkauf an einen strategischen Investor im Zuge der erwarteten Konsolidierung der Branche vor.

Das Management blieb, bis auf den bisherigen Eigentümer, verantwortlich. Der bisherige Vertriebsleiter nahm dessen Position als Geschäftsführer Vertrieb ein. Der verantwortliche Portfoliomanager der Investmentgesellschaft wurde Mitglied des Beirats der Venstra GmbH.

* Die Unternehmen Venstra GmbH und MidCap Private Equity AG sind erfunden. Die Fallstudie lehnt sich jedoch von der Situation, den getroffenen Maßnahmen und den erzielten Projektergebnissen eng an reale Projekte der mmc ag an.

Herausforderung - Einbruch von Umsatz und Ergebnis

Ein Jahr nach der Übernahme erzielte die Venstra GmbH eine EBIT-Marge von über 10% bei einem Umsatz von 132 Mio. Euro. Innerhalb von drei Jahren ermäßigte sich dann der Umsatz im Unternehmen auf 112 Mio. Euro; die EBIT-Marge sank sogar auf 4% ab. Der Trend wies dabei eindeutig weiter nach unten.

Abb.1: Venstra GmbH: Plan versus Ist

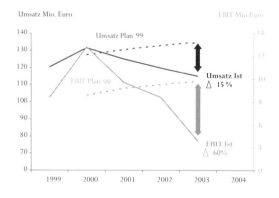

Notizen:

Was war geschehen?

Die Venstra GmbH hatte sich nach den Boomjahren der deutschen Wiedervereinigung auf die Märkte in Osteuropa konzentriert. Venstra konnte bemerkenswert lange von einer Baukonjunktur leben, deren Höhepunkt in Deutschland bereits seit einigen Jahren überschritten war. Die starke Marktposition, die qualitativ hochwertigen Produkte und der Nachholbedarf in einigen osteuropäischen Ländern sicherten das Geschäft vorerst ab. Die Bindungen in die traditionell wichtige Kundschaft der Bauunternehmer hielten noch. Aufgrund einzelner größerer Projekte erreichten Umsatz und Ertrag einen sogar unerwarteten Höhepunkt im Jahr 2000.

Die Indikatoren für eine heraufziehende Krise waren jedoch bereits erkennbar:

- Der Auftragseingang ging dramatisch zurück.
- Der Nettoumsatz fiel bereits, als der Bruttoumsatz noch stieg. Dies bedeutete, dass zunehmend Rabatte und Preiskonzessionen gewährt wurden.

- Eine weniger gut positionierte Gruppe von Wettbewerbern schloss sich zusammen und begann einen Preiswettbewerb.

- In der Industrie begann ein Kampf um erfolgreiche Vertriebsmitarbeiter.

Die einst starke Marktposition von Venstra begann zu erodieren. Die Konsolidierung in einem bisher fragmentierten Markt führte für Venstra zum Verlust von Marktanteilen. Zudem schrieben nun die Gesellschaften in Polen und Ungarn (mit eigenen Produktionsstandorten) Verluste, nachdem lokale Anbieter stärker wurden.

Die beiden Geschäftsführer sahen die Entwicklung gelassen. Sie waren ja lange genug in der Industrie, um Konjunkturzyklen zu kennen und durchzustehen. In der Vergangenheit musste mancher Wettbewerber Konkurs anmelden, während Venstra immer mit guten Margen überlebt hatte. Diese Haltung schlug auch auf Mitarbeiter in wichtigen Positionen im Vertrieb und in der Produktion durch; die Veränderungsbereitschaft war gering. Das Motto war: Es wird schon wieder werden.

Nach wiederholten Planabweichungen stiegen die Informationsanforderungen von MidCap Private Equity erheblich an. Kostenpositionen wurden detailliert hinterfragt (z.B. Dienstwagenregelung, GF Sekretariat) und Maßnahmen (z.B. zur Umsatzsteigerung) verlangt. Das Management von Venstra zeigte sich dabei unterschiedlich kooperativ. Nachhaltige Resultate waren jedoch nicht erkennbar. Zudem wurde deutlich, dass die Mitarbeiterschaft von Venstra in zwei Lager gespalten war, die jeweils einem Geschäftsführer anhingen. Diese Gräben stammten noch aus den Zeiten des vorherigen Eigentümers und gingen quer durch Geschäftsbereiche und Abteilungen. Das Vertrauensverhältnis innerhalb der Geschäftsführung und zum Investor verschlechterte sich im Zuge der sich entwickelnden Krise.

Notizen:

2) LÖSUNGSANSATZ

Potenziale im Unternehmen mobilisieren

Die Manager der MidCap Private Equity AG erkannten, dass die Lösung für Venstra nicht nur in einer verstärkten Kontrolle und dem Auswechseln von Managern liegen konnte. Dies hätte weder den gewünschten unmittelbaren Effekt gehabt, noch die Ursachen der Probleme gelöst. Das Geschäftsmodell erschien zwar grundsätzlich intakt, jedoch musste sich Venstra von innen wandeln, um den Herausforderungen erfolgreich begegnen zu können. Die dafür notwendigen Anstöße konnten nur von externer Seite kommen, denn das Unternehmen hatte weder die Rezepte noch die Ressourcen um zu schnellen und wirksamen Lösungen zu kommen.

Die MidCap Private Equity AG beauftragte deshalb die mmc ag damit, ein Konzept zur Wiederherstellung der Leistungsfähigkeit von Venstra zu entwickeln und die Umsetzung im Unternehmen möglichst unmittel-

bar sicher zu stellen. Ein externer Berater muss unabhängig und zudem glaubwürdig sein. Zu den ersten Gesprächen mit dem Management zogen wir einen erfahrenen Industriemanager aus unserem Netzwerk hinzu, der die Themen der Bauzulieferindustrie aus eigener langjähriger Erfahrung

kannte. Er half uns sehr, das Vertrauen des Managements zu gewinnen.

Unser Vorschlag für die Venstra GmbH baute auf unserem erprobten Vorgehen zur Neuausrichtung und Leistungssteigerung in mittelständischen Unternehmen auf:

Abb. 2: *Aktionsprogramm zur Leistungssteigerung (Beispiel)*

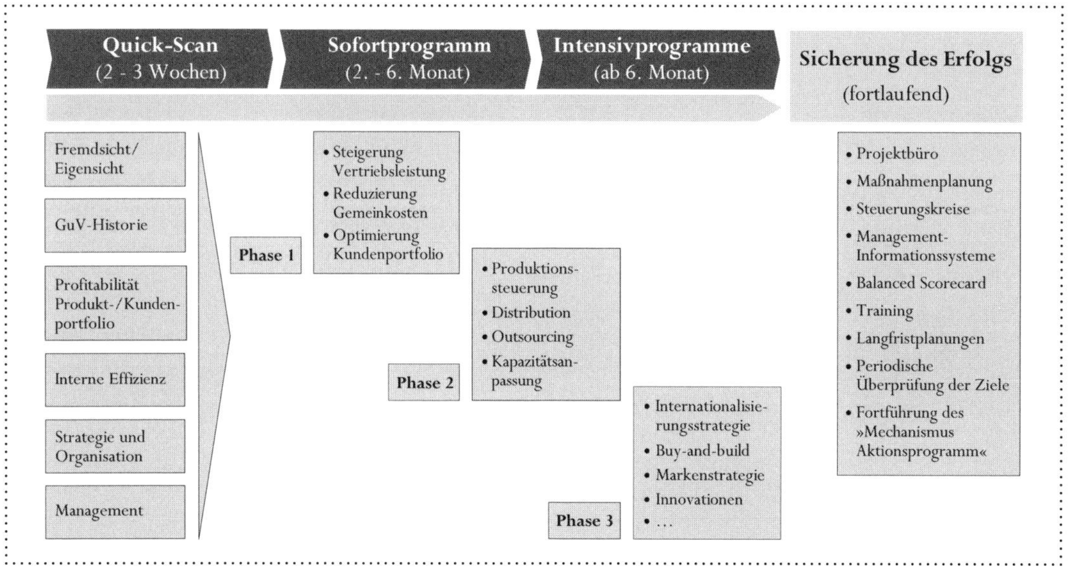

Notizen:

Wir beschreiben unsere Aktionsprogramme zur Mobilisierung von Leistungsreserven in Unternehmen anhand von Maßnahmenpaketen in unterschiedlichen Phasen. Diese miteinander verzahnten Phasen haben den Charakter von »Aktionswellen« und dauern jeweils vier bis sechs Monate (im Beispiel der Venstra GmbH haben wir zwei Phasen definiert). In der ersten Phase nach dem Quick-Scan werden Maßnahmen mit hoher Priorität (direkte Ergebniswirkung und Umsetzbarkeit) und Signalwirkung für alle Beteiligten bearbeitet (Sofortprogramm). Die folgenden Phasen sind langfristiger angelegt und mit strategischen Zielen versehen. Die Beraterunterstützung nimmt üblicherweise mit der Zeit ab; wichtig ist, dass der »Mechanismus« des Aktionsprogramms durch die vollständige Unterstützung der Geschäftsführung erhalten bleibt. Auf diese Weise werden Aktionsprogramme individuell auf die Situation des Unternehmens und die Zielsetzungen von Eigentümer und Management maßgeschneidert.

2.1 Quick-Scan – Ursachen verstehen

Die geschilderten Probleme sind schlussendlich nur Symptome der mangelnden Fähigkeit von Venstra sich veränderten Rahmenbedingungen und überkommenen internen Strukturen erfolgreich zu stellen.

Es ist die erste Aufgabe im Rahmen einer Neuausrichtung oder Restrukturierung den Ursachen auf den Grund zu gehen. Idealerweise wird bereits direkt nach der erfolgten Transaktion sichergestellt, dass die Erwartungen des Finanzinvestors und die Ausrichtung und Möglichkeiten des übernommenen Unternehmens auf einer Linie sind. In dem beschriebenen Fall wurden wir im späteren Verlauf der Investmentphase hinzugezogen. Wir mussten erkennen, dass Kapitalgeber und Management des Unternehmens die wesentlichen Probleme zu lange verkannt hatten.

Für die MidCap Private Equity AG war es zu diesem Zeitpunkt wichtig, die Venstra GmbH zügig auf einen Wachstumspfad zurück zu bringen. Ein geplanter Exit stand bald an; das Unternehmen befand sich jedoch zum Zeitpunkt unseres Einsatzbeginns definitiv nicht in einer Situation für einen aussichtsreichen Verkauf.

Fremdsicht / Eigensicht – Positionierung von Venstra im Markt

Zu Beginn des Quick-Scans verschaffen wir uns einen Überblick über die wahrgenommenen Stärken und Schwächen des Unternehmens. Dies aus Sicht externer Beteiligter (Kunden, Nichtkunden, Lieferanten, Wettbewerber) und aus Sicht des Unternehmens selbst.

Wir befragten vom Unternehmen genannte Kunden nach ihrer Einschätzung der Leistungsfähigkeit von Venstra und der wichtigsten Wettbewerber. Die Bewertung erfolgte anhand der wesentlichen kaufentscheidenden Faktoren, die nach ihrer Bedeutung gewichtet wurden. Durch Interviews mit weiteren Marktexperten bekamen wir Informationen

Notizen:

über das Marktumfeld. Unterstützt durch unser Market Research analysierten wir die Marktdynamik und Trends in der Bauzulieferindustrie. Die Ergebnisse wurden in Workshops mit Vertriebsmitarbeitern diskutiert. Wir konnten Eigen- und Fremdsicht des Unternehmens differenziert analysieren und Zukunftsszenarien skizzieren.

Venstra hatte eine Position als relativ hochpreisiger Qualitätsanbieter mit guten Verbindungen zum Handel. Gerade dieser erwartete jedoch von Venstra in Zukunft nicht nur niedrigere Preise, sondern auch neue, einfachere Modellreihen. Meinungsbildende Architekten und Generalunternehmer im Objektgeschäft erwarteten bessere Beratungs- und Servicedienstleistungen. Hier glaubte der Vertrieb von Venstra stark zu sein, doch die Bewertung von externer Seite sah anders aus.

Tab. 1:

Leistungsbewertung Hersteller Fenster, Türen und Rolladensysteme						
Kritische Erfolgsfaktoren (KEF)	Gew.	Eigensicht Venstra	Venstra	Wettbew. A	Wettbew. B	Wettbew. C
Nettopreis	50%	3,5	2,5	3,5	4	3
Produktsicherheit	3%	4	4	3,5	2,5	3,5
Marge Absatzmittler (Rabatt+Bonus)	3%	4	2	2	4	2,5
Montagesicherheit	3%	4	3	2,5	3	3
Architekten/Planer-Unterstützung	10%	5	3	3	2	4
Lieferservice, -termine	20%	4,5	4,5	2	3	4
Kundenbindung	10%	4	3	3	3,5	3
Gesamtbewertung (gewichtet)	**100%**	**3,95**	**3,05**	**3,01**	**3,46**	**3,30**

Notizen:

Analyse GuV-Historie

Parallel zu den Analysen bei Kunden und Marktteilnehmern führten wir Interviews mit dem Management zum bisherigen Geschäftsverlauf des Unternehmens. Wir besprachen Stärken und Schwächen der einzelnen Bereiche und bekamen so auch einen ersten Überblick über die führenden Mitarbeiter. Grundlage für diese Gespräche waren Aufstellungen über die Geschäftsentwicklung in einzelnen Bereichen und die Entwicklung der Kostenarten.

In den Jahren 1990 bis 2000 hatte die Venstra GmbH eine beeindruckende Erfolgsstory geschrieben. Die EBIT-Marge erreichte trotz erhöhter Abschreibungen und hoher Anlaufkosten konstant Werte von knapp 10%. Das Umsatzwachstum belief sich auf durchschnittlich 8%. Die Kostenstrukturen entwickelten sich in den guten Jahren analog zum Wachstum. Es fällt allerdings auf, dass die Fertigungsproduktivität anstieg, während einzelne Overheadbereiche und der Vertriebsbereich überproportional Personalkosten aufbauten. Der Geschäftsführer Vertrieb begründete dies mit erhöhten Anforderungen der Kunden bei der Auftragsabwicklung. Dem Umsatzeinbruch nach dem Jahr 2000 trat Venstra nicht mit entsprechenden Kostensenkungen entgegen. Trotz der reduzierten Produktion wurden selbst die Überstunden in der Fertigung nicht signifikant abgebaut.

Die Analyse deckte den in dieser Branche üblichen Unterschied zwischen Brutto- und Nettoumsatz auf. Während der Auftragsbestand sich an den Listenpreisen orientierte, wurde mit erheblichen Rabatten abgerechnet, die vom Vertrieb gerade in den schlechteren Zeiten nochmals kräftig erhöht wurden, so dass die Margen und damit die Profitabilität weiter litten.

Screening Profitabilität Produkt-/ Kundenportfolios

Die detaillierte Kenntnis der Ergebnisbeiträge der Geschäftsbereiche und Kundensegmente ist eine wesentliche Voraussetzung für die erfolgreiche Steuerung des Unternehmens. Leider ist diese Voraussetzung bei vielen Unternehmen nicht gegeben. Im Quick-Scan untersuchten wir, ob die im Unternehmen vorgenommenen Erlös- und Kostenzuordnungen zu Geschäftsbereichen, Produkten (Produktgruppen) und Kunden (-segmenten) detailliert genug und aussagefähig sind.

Bei der Venstra GmbH fanden wir zwar eine aktivitätenbasierte Fertigungskostenrechnung vor, allerdings wurden die Gemeinkosten eher willkürlich zugeordnet, so dass eine Aussage zur Profitabilität der Produkte nur eingeschränkt möglich war. Bei den Kundensegmenten gab es lediglich eine Zuordnung nach Umsätzen und Produktanteilen, so dass auch hier keine zuverlässigen Daten zur Verfügung standen. Eine durchgängige Vor- und Nachkalkulation fand nicht statt, so dass auch die Vertriebssteuerung nicht konsequent durchgeführt werden konnte.

Notizen:

_____

_____

_____

_____

_____

_____

Interne Effizienz – Benchmarking der Produktivität

Ein direkter Vergleich der Produktivität eines Unternehmens zu seinen Wettbewerbern ist durch ein Benchmarking der Wertschöpfung pro Mitarbeiter möglich. Weiterhin verglichen wir die Vertriebsleistung einzelner Mitarbeiter untereinander und den Gemeinkostenverbrauch von einzelnen Abteilungen. Anschließend wurden dann durch Aufgaben- und Strukturanalysen die Kostenzuordnungen begründet und Ansätze für deutliche Effizienzsteigerungen identifiziert und, wo möglich, auch direkt in Gang gesetzt.

Es stellte sich heraus, dass die Venstra GmbH im Vergleich zum besten Anbieter in der Branche mit ähnlicher Wertschöpfungsstruktur einen Produktivitätsnachteil von 32 % hatte: (siehe nebenstehende Grafik).

Abb. 3: Benchmarking der Wertschöpfungsproduktivität

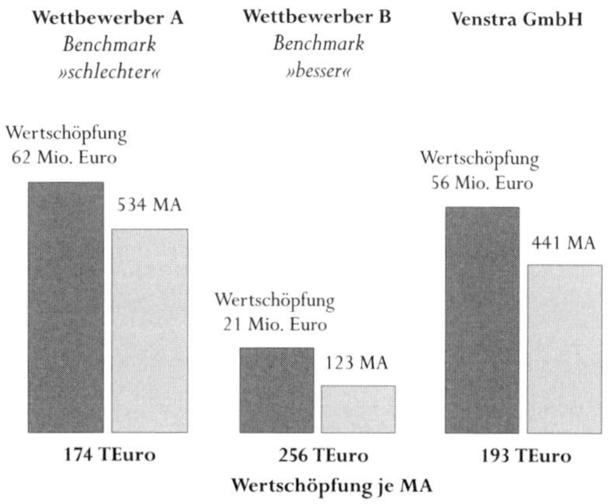

Wertschöpfung: Betriebsleistung - Vorleistung

In einer ersten Analyse zeigte sich außerdem, dass im Vertriebsinnendienst 18 % der Gesamtbelegschaft beschäftigt waren; mehr als im direkten Vertrieb! Überhaupt erbrachte erst der Quick-Scan aussagefähige Daten über die Vertriebsleistung. Aus der Produktion kamen bereits wesentlich genauere Daten und außerdem waren hier bereits umfangreiche Prozessverbesserungsaktivitäten durchgeführt worden.

Strategie und Organisation

Wir fragten die Verantwortlichen der Geschäfts- und Funktionalbereiche nach ihren Zielen und Maßnahmen zur deren Erreichung.

Das Unternehmen hatte keine klare Stoßrichtung. Während der Geschäftsführer Produktion und Technik ein klares Bild von der Leistungsfähigkeit seiner Bereiche hatte und dies auch dokumentieren konnte, äußerte der Vertriebsgeschäftsführer nur diffuse Vorstellungen von seiner Organisation. Er hatte keine Leistungskennzahlen formuliert und war auf Umsätze und nicht auf Erträge fixiert. Es war offensichtlich, dass die Erfolgsfaktoren der Vergangenheit kein Rezept mehr für die Zukunft abgaben. Hinzu kam die bereits erwähnte Unfähigkeit des Dialogs in der Geschäftsführung, so dass eine gemeinschaftliche und strategisch orientierte Steuerung des Gesamtunternehmens auch an den handelnden Personen scheiterte. Managementsitzungen hatten den Charakter

Notizen:

von Alibiveranstaltungen in denen dringende und wichtige Themen nicht offen angesprochen wurden.

Management

Die Diskussion über die Leistungsfähigkeit der im Unternehmen agierenden Manager muss sehr besonnen geführt werden. Für Fehlentwicklungen im Unternehmen werden gern einfache Ursachen identifiziert und ohne weitere Analyse dann an einzelnen Führungskräften festgemacht.

Diese Sichtweise greift immer zu kurz. Deshalb hat die neutrale Einschätzung des Managements durch einen geeigneten Berater im Moment der Neuausrichtung eines Unternehmens eine besondere Bedeutung. Eine emotional geführte Diskussion ist zu vermeiden. Um in der Personaldiskussion neutral bleiben zu können, nehmen wir in einigen Fällen erfahrene Spezialisten mit ins Team, die das gesamte Instrumentarium der Management-Audits beherrschen und sich während des Projektes ausschließlich um Personalfragen kümmern.

Wir verwenden bei der Beurteilung des Managements eigene erprobte Instrumente des Management-Appraisals. Es geht hierbei um die Bestandsaufnahme der Leistungsfähigkeit und eine Bewertung der Potenziale von Führungs- und Schlüsselkräften. Wir erstellen für wichtige Positionen Anforderungsprofile und gleichen über Interviews die Erfüllung dieser Anforderungen ab. Die Einzelergebnisse werden mit den betroffenen Mitarbeitern diskutiert. Die Art der Maßnahmen wird dann im Kreis aller Führungskräfte festgelegt.

Fazit des Quick-Scan

Für den Eigentümer waren die Ergebnisse unseres Quick-Scans äußerst ernüchternd. Die Probleme und deren Ursachen waren in dieser Deutlichkeit bisher nicht erkannt worden und hätten erheblichen Einfluss auf die Bewertung durch einen möglichen Käufer gehabt. Wir konnten den Eigentümer davon überzeugen, dass durch konsequente Arbeit an den identifizierten Stellhebeln die Aussichten auf einen erfolgreichen Exit erheblich steigen würden.

Zur wirksamen und nachhaltigen Steigerung der Leistungsfähigkeit von Venstra formlierten wir acht Schwerpunktthemen:

1. Steigerung der Vertriebsleistung –
   Anreize für die Vertriebsorganisation

2. Optimierung Kundenpotenziale –
   Konzentration auf ertragreiche Kunden

3. Organisation Vertriebsinnendienst –
   Kundenorientierte Auftragsabwicklung und Reduzierung der Prozesskosten

4. Reduzierung Gemeinkosten –
   Realisierung von »QuickWins«

5. Führung der Auslandsgesellschaften –
   Strukturierte Internationalisierungsstrategie und engere Anbindung an das Mutterhaus

Notizen:

_____

_____

_____

_____

_____

6. Optimierung der Auftragssteuerung –
Reduzierung von Komplexitätskosten (Vielfalt in Beschaffung, Arbeitsvorbereitung und Produktion)

7. Führungsorganisation (Querschnittsthema) -
Verbesserung der Managementqualität

8. Aufbau neuer Märkte –
Ausweitung der Vertriebsaktivitäten außerhalb der Kernmärkte

2.2 Aktionsprogramm zur Leistungssteigerung – Voraussetzungen für die Neuausrichtung schaffen

Unser Ansatz war es, mit einem überschaubaren Einsatz einen negativen Ertragstrend unmittelbar umzudrehen und mit einem gezielten Programm auf den geplanten Wachstumspfad zurückzukehren. Um die notwendige Wirksamkeit und Geschwindigkeit zu erzielen, trennten wir nicht zwischen Konzeption und Umsetzung, sondern führten über den Steuerungskreis Entscheidungen zu den Maßnahmenvorschlägen herbei und setzten diese direkt um.

Entscheidend bei dieser Vorgehensweise ist es, frühzeitig engagierte Mitarbeiter für die Projektarbeit zu gewinnen und einzubinden. Wir erwarten die entsprechende Unterstützung vom Management bei der Bereitstellung von Mitarbeitern und arbeiten Hand in Hand mit diesen Projekt-Champions. Sie sind eine entscheidende Erfolgskomponente und häufig entdecken wir unerwartet neue potenzielle Führungskräfte im eigenen Haus.

In einer Sitzung mit den fünf wichtigsten Führungskräften von Venstra diskutierten wir, wie das weitere Vorgehen als Aktionsprogramm aussehen sollte. Dafür nutzten wir eine einfache Darstellung in Form eines Portfolios (mit den Achsen »Bedeutung für das Ergebnis« und »unmittelbare Umsetzbarkeit«). Die im Quick-Scan identifizierten Schwerpunktthemen wurden weiter detailliert und gemäß ihrer Bedeutung positioniert. Themen oberhalb der Diagonale waren sofort anzugehen (Phase 1), Themen unterhalb der Diagonale waren mittelfristig

wichtig (Phase 2). Zu den einzelnen Schwerpunktthemen wurden dann Maßnahmen und Ziele formuliert, so dass ein Überblick über den Aufwand und die Stoßrichtung geschaffen wurde. Jedem der Teilnehmer der Führungsrunde wurde dieses Bild in einem Dossier überreicht, denn es war der Masterplan für die Restrukturierung.

Abb. 4: Priorisierung Programm-Maßnahmen

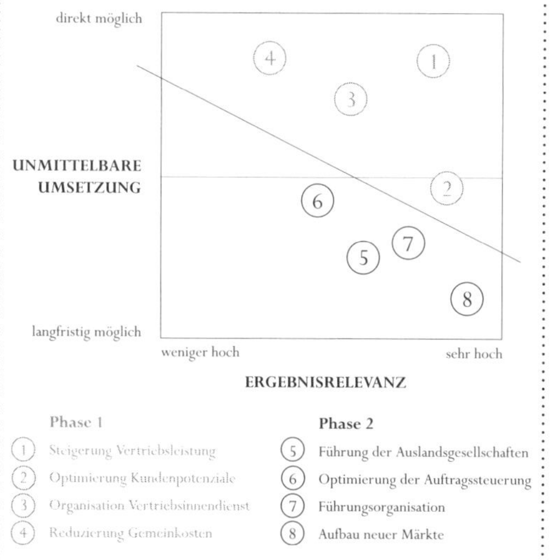

Phase 1	Phase 2
① Steigerung Vertriebsleistung	⑤ Führung der Auslandsgesellschaften
② Optimierung Kundenpotenziale	⑥ Optimierung der Auftragssteuerung
③ Organisation Vertriebsinnendienst	⑦ Führungsorganisation
④ Reduzierung Gemeinkosten	⑧ Aufbau neuer Märkte

Quelle: Priorisierungsworkshop mit Führungskräften von Venstra

Notizen:

_____

_____

_____

_____

_____

_____

Wir wollten die Vorbehalte von nicht direkt beteiligten Interessengruppen offen adressieren. In einem Kreis von zwölf Personen (Eigentümer, Geschäftsführung, erweitertes Management, Mitarbeitervertretung) definierten wir in einem eineinhalbtägigen Workshop die geschäftspolitische Stoßrichtung von Venstra für die nächsten drei Jahre. Gemeinsam diskutierten wir die Markt- und Wettbewerbsposition und die Stärken und Schwächen von Venstra. Wichtigstes Ziel dieser Veranstaltung war die Mobilisierung aller Managementebenen und der Mitarbeiterschaft.

Die Ergebnisse des Quick-Scan wurden vorgestellt, die Maßnahmenpakete beschrieben und Verantwortlichkeiten zugewiesen. Der Geschäftsführer der MidCap Private Equity AG hatte Gelegenheit, seine Vorstellungen zu präsentieren. Viel Raum nahm die Diskussion eines optimierten Leistungsreportings ein. Da Transparenz und Steuerungsfähigkeit jedoch entscheidende Voraussetzungen für

jede Form von Sofortmaßnahme sein würden, stimmten alle einem erweiterten vorläufigen Reportingkonzept zu.

Steigerung der Vertriebsleistung – Anreize für die Vertriebsorganisation

Wir stellten fest, dass die Führungskräfte und Vertriebseinheiten in Bezug auf die verschiedenen Kundengruppen keine schlüssigen Vertriebskonzepte hatten, sondern auf den individuellen Verhaltensweisen der Außendienstmitarbeiter aufsetzten. Leistungsziele wurden nur vage formuliert und hatten aus Sicht der Betroffenen kaum eine Relevanz. Trotzdem waren wir überzeugt, dass Venstra aus eigener Kraft in den angestammten Märkten Boden würde gutmachen können und hier auf den Wachstumspfad zurückfinden würde.

Zur unmittelbar wirksamen Steigerung der Vertriebsleistung setzten wir einige bewährte Methoden an:

• Zieldefinition auf Mitarbeiterebene, regelmäßige Leistungsbewertung und Coaching

• Einführung von Vertriebsleistungskriterien anhand interner und externer Benchmarks

• Verkaufswettbewerbe

• Mitarbeiteraudits und Ausrichtung von Funktionen gemäß Kompetenzen

• Neuverteilung von Aufgaben gemäß Kundenanforderungen und Effizienzkriterien

Die klassischen Verkaufswettbewerbe (Anreize für Umsatzsteigerung, Neukundengewinnung) setzten bei den Mitarbeitern unmittelbare Kräfte frei. Die Neuerung gegenüber bisherigen Maßnahmen war, dass solche Aktionen vollständig transparent abliefen und nicht mehr der Vertriebsleiter hinter verschlossenen Türen einen Umschlag überreichte. Außerdem wurde der Umsatzbonus (in Ermangelung von Ertragsgrößen) in einzelnen Monaten kräftig erhöht. Zwei besonders starke Verkäufer, die von einem Wettbewerber heftig umworben wurden, konnten unterstützt durch diese Maßnahmen im Unternehmen gehalten werden.

Notizen:

Durch eine Aufgaben- und Strukturanalyse im Vertrieb erkannten wir, wie die Verkäufer durch unterschiedliche Aktivitäten belastet waren. Nicht einmal ein Drittel ihrer Zeit verbrachten sie mit direkt kundenbezogenen Tätigkeiten. Als besonderes Problem stellten sich Reklamationen heraus. Beschwerden von Kunden landeten sowohl in der Auftragsabwicklung als auch beim Verkaufsberater und verursachten immer wieder hohen Bearbeitungsaufwand mit beträchtlichen Verzögerungen. Wir richteten eine Kundencenter-Funktion (e-mail und Telefon) ein, die ohne großen Aufwand diesen Prozess erheblich verbesserte.

Einige dieser Maßnahmen (gerade im Vertrieb) waren als Einzelaktivitäten ähnlich in der Vergangenheit angelaufen. Hier gab es allerdings selten Erfolge. Erst die richtig verstandene Verzahnung aller Maßnahmen brachte den Erfolg. Als größtes Problem stellt sich der Geschäftsführer Vertrieb heraus. Unsere Ansätze griffen direkt in seine eher intuitiven Steuerungsmechanismen. Wir versuchten immer wieder ihn konstruktiv einzubinden, andererseits wurde in gemeinsamen Sitzungen klar, dass die Zusammenarbeit nicht funktionieren würde. Schließlich einigten sich Eigentümer und Geschäftsführer auf einen Aufhebungsvertrag. Diese entscheidende Lücke wurde durch einen vertriebserfahrenen Interimsmanager aus unserem Netzwerk gefüllt.

Optimierung Kundenpotenziale

Wir untersuchten die Kunden- und Produktgruppen von Venstra und deren Profitabilität im Detail. Es stellte sich heraus, dass das Fachhandwerk die meisten Ertragspotenziale bot. In keiner Kundengruppe wurden jedoch die Kundenpotenziale ausreichend genutzt. Die Vertriebssteuerung orientierte sich im Wesentlichen an den Bruttoumsätzen. Die Profitabilität wurde nur unzureichend durch sporadische Nachkalkulationen überprüft. Hier setzten wir direkt an. Ein neues Kalkulationsschema wurde erarbeitet, das für alle Kundengruppen galt und direkte Vergleichbarkeit ermöglichte. Nachträgliche Preisnachlässe oder Rabatte mussten nun genehmigt werden. Jeder Vertriebsverantwortliche wurde an seiner tatsächlichen Profitabilität gemessen.

Für die Kundengruppen wurden differenzierte ad-hoc Vertriebsstrategien entworfen. Die Verantwortung für den Handel wurde z.B. zentralisiert. Die Verantwortung für das Fachhandwerk wurde völlig in die Regionen vergeben, deren Anzahl reduziert wurde. Für Generalunternehmer, Bauherren und Architekten wurde eine gezielte Marketing- und Vertriebskampagne in Gang gesetzt.

Die beschriebenen Maßnahmen konnten innerhalb von vier Monaten zu einem hohen Anteil umgesetzt werden. Bereits sechs Monate nach Beginn der Maßnahme war die Bruttomarge über alle Produktgruppen um sieben Prozent gesteigert worden.

Notizen:

_____

_____

_____

_____

_____

_____

Abb. 5: *Positionierung nach Kundensegmenten*

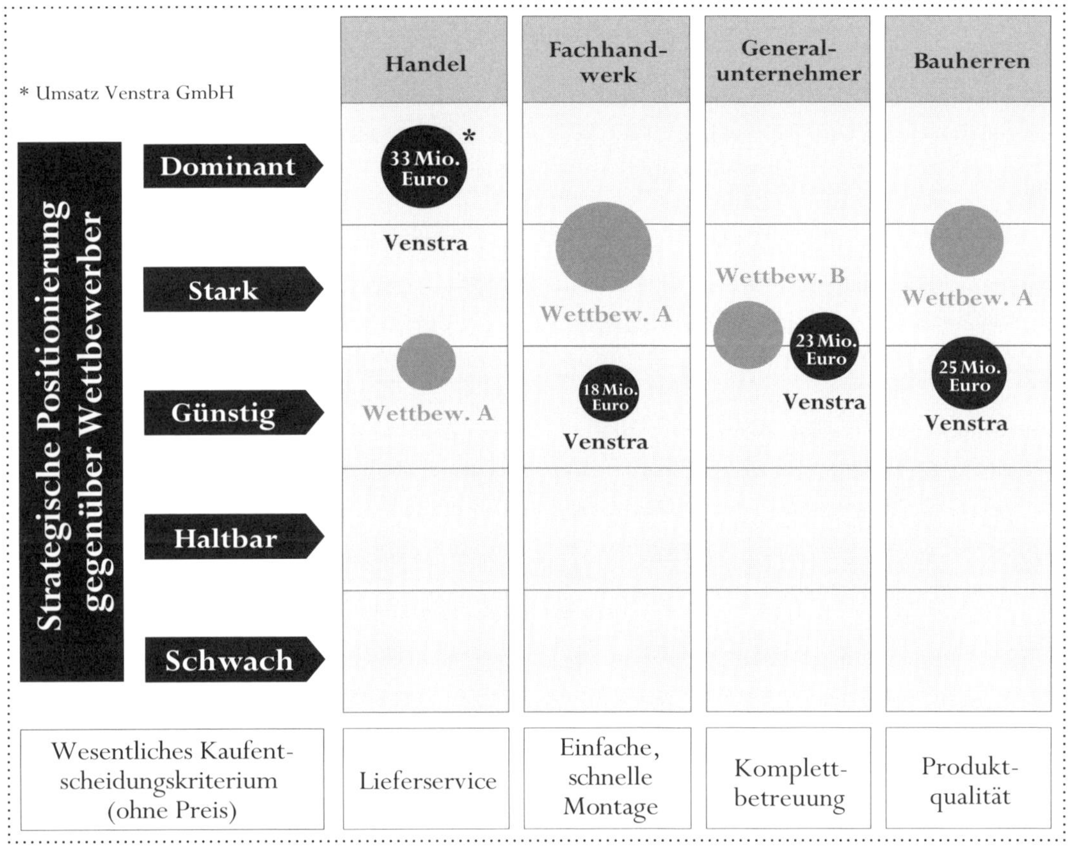

Organisation Vertriebsinnendienst – Kundenorientierte Auftragsabwicklung und Reduzierung der Prozesskosten

Der Vertriebsinnendienst (und hier besonders die Auftragsbearbeitung) führten innerhalb der Venstra GmbH nahezu das Dasein einer Behörde. Man rechtfertigte sich mit den hohen Kundenanforderungen und wurde vom Außendienst als deren Bodentruppen zwar beschützt, jedoch auf Distanz gehalten. Die Zahlenanalyse bestätigte die mangelnde Effizienz: Während auf einen Mitarbeiter bei Venstra 1,1 Mio. Euro Umsatz entfielen, schafften die Besten der Branche bis zu 2,8 Mio. Euro.

Wir initiierten gezielte Schwerpunktmaßnahmen, da wir hier das Potenzial für kurzfristig realisierbare Einsparungen sahen:

• Engere Verzahnung mit dem Außendienst bei kundennahen Funktionen; Anpassung an die neue Außendienstorganisation

Notizen:

- Straffung von Prozessen entlang der IT-Unterstützung, Aufbau einer DV/Orga Kompetenz

- Einführung von Kennzahlen für die Leistungsbewertung

- Kostensenkungsmaßnahmen und Bündelung von Aktivitäten im reinen Innendienst

Wir konnten nachweisen, dass von den 80 Vollzeitstellen im Vertriebsinnendienst 26 Stellen eingespart werden konnten. Und dies bei gleichzeitiger Verbesserung der Qualität. Dieser Abbau vollzog sich nicht sofort, sondern sollte auch unter Berücksichtigung entsprechender Versetzungen innerhalb von drei Jahren abgeschlossen sein. Der Einfluss auf die EBIT-Marge war schon direkt kalkulierbar.

Reduzierung Gemeinkosten – Realisierung von »Quick-Wins«

Im Rahmen der Sofortmaßnahmen eines Wertsteigerungsprojektes spielen kurzfristig realisierbare Kostensenkungspotenziale wegen des »Quick-Wins«-Effektes eine wichtige Rolle. Nach der systematischen Analyse im Vertrieb und den vielfältigen Gesprächen im gesamten Unternehmen konnten wir schnell eine Arbeitsliste für die Ansatzpunkte erarbeiten.

Außerhalb des Vertriebs identifizierten wir offensichtliche Kostensenkungspotenziale in den Gemeinkostenbereichen und beim Einkauf. Wir führten im Rechnungswesen, in der Personalabteilung, im Marketing, in der IT und in der Konstruktionsabteilung unsere Aufgaben- und Strukturanalyse durch. Gleichzeitig betrachteten wir in diesen Bereichen die Sachkostenbudgets und ließen die Verantwortlichen Einsparvorschläge erarbeiten. In einer zweitägigen »Kostenkonferenz« konnten wir die Analysen verifizieren, Einsparvorschläge validieren und Maßnahmen verabschieden. Der Ehrgeiz, den alle entwickelten, war einerseits bemerkenswert; andererseits zeigte sich im Verlauf der Umsetzung wie lange alte Zöpfe Bestand haben können. Für die folgende Budgetperiode wurden Personal- und Sachkostenreduzierungen in Höhe von 9 % angesetzt. Das blieb zwar unter unseren Benchmarks, hatte aber den Effekt, dass Mitarbeiter(-vertretung) und Management dem zustimmten.

Aktivitäten der Phase 2

Der Erfolg der Aktivitäten der ersten Phase hatte einen unmittelbaren Effekt nicht nur auf die Ergebnisse, sondern auch auf die Motivation der Mitarbeiter. Die Aktivitäten der Phase 2 waren nicht weniger wichtig, jedoch langfristiger ausgerichtet und von eher strategischer Bedeutung. Die bereits erstellten Maßnahmenpläne und Zielsetzungen für diese Aktivitäten wurden im Verlauf unserer Arbeiten weiter verfeinert und ergänzt. Gesammelte Informationen wurden zugeordnet und eingearbeitet. Die beteiligten Mitarbeiter waren in die Kommunikationskreise integriert und wurden auf ihre Aufgaben in den

Notizen:
_____

_____

_____

_____

_____

Projekten eingestimmt. Als Berater haben wir die Phase 2 begleitend (über Coaching und Teilnahme an Steuerungskreisen) verfolgt.

2.3 Sicherung des nachhaltigen Erfolgs

Wir richteten als zentrale Leitstelle für die Steuerung aller Aktivitäten ein Projektbüro ein. Von hier aus wurden alle Maßnahmen koordiniert und deren Fortschritt verfolgt. Der für das Gesamtpaket verantwortliche Steuerungskreis (Geschäftsführung, Investment Manager, Controller) wurde zeitnah informiert und trat zweiwöchentlich zusammen. Entscheidungen im Rahmen der Steuerung des Projektes hatten im Unternehmen Priorität. Der disziplinarische Effekt dieses Mechanismus führte nach einer kurzen Gewöhnungsphase zu sehr wirksamen Ergebnissen in der Projektführung und bei der Einsatzbereitschaft der Mitarbeiter.

Insbesondere durch die Vertriebssteigerungsaktivitäten und die Senkung der Sachkosten konnten sehr schnell spürbare Ergebnisse erzielt werden. Doch dies dürfen keine Einmaleffekte bleiben. Um den Erfolg nachhaltig zu sichern, muss dauerhaft hart gearbeitet werden. Dazu muss Leistung transparent sein und detailgenau (über relevante Kennziffern) gesteuert werden. Für den Vertriebsbereich bauten wir mit einer kleinen Anzahl von Kennziffern ein Kennzahlensystem auf, das diesen Anforderungen in einem ersten Schritt genügte.

Der Leiter des Rechnungswesens von Venstra stellte sich als leistungsfähiger Controller heraus, der die zusätzlich erhaltenen Informationen in das Berichts- und Planungssystem strukturiert einarbeitete und somit die Qualität des Reportings erheblich verbessern konnte (übrigens mit erheblich weniger Papier).

Der von uns interimistisch zur Verfügung gestellte Vertriebsgeschäftsführer wird nach Beendigung seiner operativen Tätigkeit in den Beirat wechseln und somit die Funktionsweise des Steuerungskreises langfristig sicherstellen.

Notizen:

3) FAZIT

Langfristig Wert geschaffen

Die Kernphase unseres Projektes mit den beschriebenen Maßnahmen dauerte ungefähr fünf Monate. Durch das Projektdesign und die intensive Einbindung von Mitarbeitern aller Ebenen wurden nicht nur schnelle Ergebnisse erzielt, sondern im Unternehmen ein Momentum der Veränderung erzeugt, das eine eigene Dynamik entwickelte. Hierzu trug besonders die neu zusammen gesetzte Geschäftsführung bei.

Die Geschäftsführung erkannte ihre Chancen: durch die neue Ausrichtung und die in Gang gesetzten Maßnahmen stieg der Firmenwert innerhalb kurzer Zeit und hatte weiterhin Potenzial. Die Diskussion mit dem Eigentümer über die anstehenden Verkaufspläne für die Venstra GmbH zeigten der Geschäftsführung erweiterte finanzielle und unternehmerische Chancen auf. Die MidCap Private Equity AG konnte die Manager nun als Promotoren ihrer eigenen Strategie gewinnen.

4) FRAGEN UND AUFGABEN

Sie sind vom Gesellschafter der Venstra GmbH zum Sprecher der Geschäftsführung bestellt worden.

1. Welches sind die wesentlichen Bestandteile Ihres persönlichen 100-Tage-Programms? Wie setzen Sie Prioritäten?

2. Aus welchen Ansätzen würde Ihr Umsatzsteigerungs-Programm bestehen?

3. Wie stellen Sie fest, ob es beträchtliche Überkapazitäten in Produktion und im Gemeinkosten-Bereich gibt? Worauf haben Sie zu achten, wenn Sie diese Überkapazitäten bereinigen wollen?

4. Beschreiben Sie, wie Sie bei der Einführung eines Systems der erfolgsorientierten Bezahlung von Führungskräften und Schlüsselfunktionen vorgehen.

5. Beschreiben Sie, wie ein Management-Informations-System aussehen soll, mit dem Sie den strategiegerechten Fortschritt der Sanierungs- bzw. Turnaround-Maßnahmen verfolgen können.

Notizen:

_____

_____

_____

_____

_____

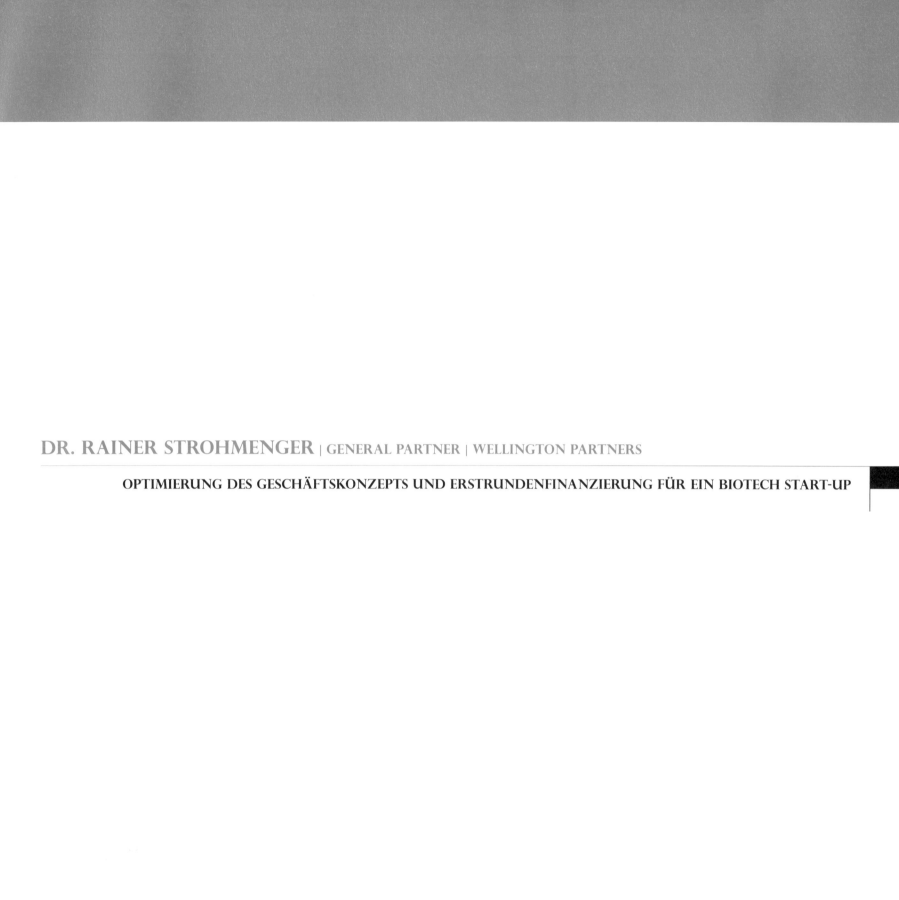

DR. RAINER STROHMENGER | GENERAL PARTNER | WELLINGTON PARTNERS

OPTIMIERUNG DES GESCHÄFTSKONZEPTS UND ERSTRUNDENFINANZIERUNG FÜR EIN BIOTECH START-UP

Die Fallstudie beschreibt die Strukturierung und erfolgreiche Umsetzung einer Erstrundenfinanzierung für ein Biotechnologie Start-up Unternehmen in einem äußerst schwierigen Marktumfeld.

Erst durch die Optimierung und Fokussierung des Businesskonzepts und der Produktentwicklungsstrategie in Verbindung mit der Implementierung einer adäquaten und durchdachten Management- und Aufsichtsratstruktur sowie Mitarbeiter-, Finanz- und sonstigen Unternehmensplanung konnte eine so attraktive Investitionsmöglichkeit geschaffen werden, dass trotz widriger Marktverhältnisse eine der größten Erstrundenfinanzierungen in Europa erreicht wurde.

1) EINLEITUNG

Das Unternehmen »Krebstherapie AG« war in der Boomphase um 2000/2001 von einem Professor der Immunologie und zwei seiner jüngeren wissenschaftlichen Mitarbeiter gegründet worden. Ziel war es, Technologien, die in dem Institut entwickelt worden waren, einer kommerziellen Verwertung zuzuführen. Eine der Technologien erlaubte die Isolierung von Antigenen aus menschlichem (Tumor)-Gewebe. Diese Antigene sollten als Basis für die Entwicklung einer sehr selektiven, patientenspezifischen Immuntherapie gegen Krebs und andere Erkrankungen dienen.

Die beiden wissenschaftlichen Mitarbeiter übernahmen zunächst nebenberuflich die Geschäftsführung. Weitere Wissenschaftler und ein klinisch tätiger Mediziner, die Beiträge zur Entwicklung der Technologie geleistet hatten, wurden über Kapitalerhöhungen als Gesellschafter aufgenommen. Ein Berater unterstützte das Gründerteam gegen Beteiligung bei der Verfassung der ersten Version eines Businessplans und einer Finanzplanung. Ein regionaler, branchenfremder Business Angel stellte über das Gründungskapital hinaus erstes Eigenkapital und einige Kontakte allgemeiner betriebswirtschaftlicher Relevanz zur Verfügung.

Es war offensichtlich, dass das von den Gründern und einem Business Angel aufgebrachte Eigenkapital selbst für den initialen Aufbau eines Biotechnologieunternehmens viel zu gering war. Die Krebstherapie AG begann daher im Jahr 2002 mit der Ansprache von Venture Capital-Investoren. Trotz des großen medizinischen Bedarfs und Marktpotenzials im Bereich der Krebstherapie und einer sehr soliden Wissenschaft und Patentposition erwies sich dies aus folgenden Gründen als Herausforderung:

1. Der Markt für Venture Capital hatte sich aufgrund des rapiden Bewertungsverfalls an den Börsen drastisch verschlechtert. Beteiligungen wurden zu einem Bruchteil des vorherigen Investments gehandelt. Erstrundeninvestments, teilweise sogar jegliche Neuinvestments, wurden daher von vielen zuvor sehr aktiven Investoren ausgeschlossen. Investoren waren mit der Betreuung des existierenden, »notleidenden« Portfolios beschäftigt.

Notizen:

_____

_____

_____

_____

_____

_____

2. Eine Sondersituation bestand im Bereich der Immuntherapie von Krebserkrankungen, da frühere, weniger spezifische Ansätze die Erwartungen im Verlauf der klinischen Entwicklung enttäuscht hatten. Gleichzeitig wurden Investoren mit Businesskonzepten zur Krebsimmuntherapie »überschwemmt«. Viele Investoren hatten auch bereits in Immuntherapieunternehmen investiert und befürchteten nun Konkurrenz oder die Widerlegung früherer Investitionsentscheidungen.

Dem gegenüber standen sehr stabile Wachstumsraten im Pharmageschäft mit signifikanter Marktausweitung und Outperformance von innovativen, selektiveren und besser verträglichen Krebstherapien.

2) AUSGANGSSITUATION

Die Krebstherapie AG verfügte über eine weltweit führende, patentierte Technologie zur direkten und höchst sensitiven Identifizierung von Antigenmolekülen aus mensch-lichem Gewebe, z.B. Tumorgewebe. Diese Antigenmoleküle konnten nach Strukturaufklärung synthetisch produziert werden. In Kombination mit einer Adjuvanstechnologie (Wirkungsverstärker zur Hervorrufung einer Immunantwort) bestehend z.B. aus isolierten körpereigenen »dendritischen« Zellen des Patienten oder einem synthetischen oder proteinbasierten Adjuvans bestand die Möglichkeit der Entwicklung einer wirksamen Immuntherapie, bei der das Immunsystem des Patienten gegen körpereigenes Gewebe, z.B. Tumorgewebe, sensibilisiert und dadurch selekiv krankheitsverursachendes Gewebe bekämpft oder entfernt werden sollte, ohne dass starke Nebenwirkungen zu erwarten wären.

Die Unternehmensgründung war stark technologiegetrieben, die wesentlichen Gründer und das Management hatten ausschließlich wissenschaftlichen Background. Daher wurde zunächst eine Produktstrategie gewählt, die nach gegenwärtigem wissenschaftlichen Verständnis den Therapieerfolg bei jedem einzelnen Patienten optimieren würde: Die Behandlung sollte vollständig individuell verlaufen mit zunächst durchgeführter Antigenidentifizierung bzw. -diagnose, synthetischer Produktion der patientenspezifischen Antigene und anschließender Herstellung eines personalisierten Immuntherapeutikums. Durch die bei Behandlung vieler Patienten zu erwartenden Überschneidungen im Antigenprofil sollte im Laufe der Zeit ein Warehouse (Skalen-)Effekt eintreten, indem einmal identifizierte und synthetisierte Antigene immer wieder zur Behandlung von unterschiedlichen Patienten verwendet würden und von der Neuidentifizierung von Antigenen auf längere Sicht vollständig zur reinen Antigendiagnose übergegangen werden sollte. Dazu war vorgesehen, dass die Krebstherapie AG alle notwendigen infrastrukturellen Voraussetzungen inklusive Reinraumproduktion aufbauen sollte, um die komplette Produktionskette von der Diagnose bis hin zur GMP-konformen Herstellung des patientenindividuellen Immuntherapeutikums abzudecken.

Notizen:

Diese Produktstrategie optimierte zwar theoretisch den potenziellen Therapieerfolg beim einzelnen Patienten auf der Basis des gegenwärtigen Stands der Wissenschaft, barg aber folgende Problematik:

1. Bei zu optimistischer Einschätzung des postulierten, aber von der Größe her unbekannten Warehouse-Effekts würden die Behandlungskosten für den einzelnen Patienten sehr stark steigen, da eine sehr große Zahl von Antigenen identifiziert und produziert werden müsste.

2. Ein zulassungsrelevanter Wirksamkeitsnachweis wäre aufgrund der mangelnden Standardisierung der Therapie enorm schwierig. Gleichzeitig war ungeklärt, welcher Klassifizierung eine solche Therapie nach Arzneimittelgesetz unterliegen würde.

3. Die Abdeckung aller Stufen der Wertschöpfungskette inkl. Diagnostik, Produktion, Formulierung, Logistik, Entwicklung etc. durch die Krebstherapie AG würde von Beginn an eine relativ große Unternehmensorganisation mit entsprechend hohen Fixkosten und beträchtlichem Kapitalbedarf führen.

4. Durch die vollständige Personalisierung wären hohe logistische Herausforderungen zu bewältigen, z.B. in der Produktion (jedes personalisierte Therapeutikum würde als eigene Charge gelten). Gleichzeitig entstünde dadurch ein potenzielles Risiko für die Patienten, z.B. durch Verwechslung von Samples auf irgendeiner Stufe des Produktionsprozesses.

5. Insgesamt war die Skalierbarkeit des Geschäftsmodells sehr fraglich und damit auch die kommerzielle Umsetzbarkeit und spätere Veräußerbarkeit der Krebstherapie AG, z.B. an ein Pharmaunternehmen.

6. Schließlich schien auch das Management- und Gründerteam, das fast ausschließlich aus jungen Wissenschaftlern ohne Erfahrung aus der pharmazeutischen Produktentwicklung bestand, den oben beschriebenen Herausforderungen nicht gewachsen.

Als Folge daraus sprach die Krebstherapie AG zunächst über mehrere Monate hinweg erfolglos potenzielle Investoren an.

3) LÖSUNG

Auf der Suche nach Kapital kam die Krebstherapie AG auch in Kontakt zu der im Life Science und Biotechnologie Bereich erfahrenen »VC GmbH«.

Bereits bei der ersten Präsentation wurde den Investitionsverantwortlichen der VC GmbH klar, dass die Krebstherapie AG über eine außergewöhnlich attraktive Technologieplattform verfügte, die aus ihrer Sicht folgende wesentlichen Vorteile aufwies:

1. Die pharmazeutisch wirksamen Substanzen würden synthetisch in beliebigen Men-

Notizen:

_____

_____

_____

_____

_____

gen und mit relativ geringem Aufwand herstellbare Antigene sein, die identisch zu den im Körper des Patienten vorkommenden wären, mit dem Vorteil einer erwarteten hervorragenden Verträglichkeit und damit zusammenhängend niedrigeren Zulassungshürden. Insgesamt erschien der Ansatz auch aufgrund höchster Selektivität gegenüber allen anderen bekannten Formen der Krebsimmuntherapie große Vorteile zu bieten.

2. Nicht nur die Technologieplattform selbst war patentierbar, sondern sie erlaubte auch die reihenweise Identifizierung und Patentierung der Antigene, was einen bestmöglichen späteren Patentschutz auf das entwickelte Produkt versprach.

3. Der Wechsel von einer patientenindividualisierten zu einer off-the-shelf Produktstrategie würde zu einem höchst skalierbaren Businessmodell führen.

4. Wenn es gelänge, die Wirksamkeit einer Therapie in einer Krebsindikation zu zeigen, wäre auch eine Wirksamkeit in den meisten anderen Krebsindikationen wahrscheinlich, wobei nur zusätzliche Entwicklungsarbeit zu leisten wäre. Voraussetzung wäre lediglich die genügende Verfügbarkeit von menschlichem Tumormaterial.

5. Aufgrund der geringen zu erwartenden Toxizität und Nebenwirkungen der Therapie käme auch ein späterer Einsatz als First-line Therapie in Frage mit allen damit verbundenen Wettbewerbsvorteilen und Marktchancen.

Die Herausforderung bestand nun darin, eine sinnvolle Kombination aus Businessmodell und Finanzierungsstruktur zu finden, die folgenden Ziele erfüllen sollte:

1. Umsetzbarkeit mit dem bestehenden bzw. einem erweiterten Management Team

2. Maximierung des Wertschöpfungspotenzials der Technologieplattform

3. Finanzierbarkeit aus Mitteln des Fonds der VC GmbH oder eines Syndikats von Investoren

4. Optimierung der Exitfähigkeit des geschaffenen Unternehmens

Dazu bestanden im Prinzip zwei mögliche Lösungsalternativen:

Alternative 1: Plattformtechnologiekonzept

• Fokussierung der Krebstherapie AG auf die Identifizierung und evtl. Produktion der Antigene als Kernkompetenzen

• Aufbau einer möglichst starken und umfassenden IP-Position mit dem Ziel einer wirksamen Blockade möglicher Wettbewerbstechnologien

• Auslizensierung von präklinischen Wirkstoffkandidaten in multiplen Partnerschaften mit Pharmafirmen, welche die Bereiche klinische Entwicklung, Zulassung und Marketing und Vertrieb abdecken würden

• Frühe Einnahmen aus R&D und Downpayments und zusätzliches Upside aus Mile-

Notizen:

stonepayments und späteren Royalties nach Produkteinführung, dadurch relativ geringer Gesamtkapitalbedarf.

Managementstruktur:

Wissenschaftliche Gründer – Erweiterung durch Kompetenzen in den Bereichen Business Development, präklinische Entwicklung, Patente, Produktion, Finanzen.

Finanzierungsstruktur:

Relativ kleine Finanzierung (5 - 10 Mio. Euro) erforderlich, da frühe Einnahmen erzielbar wären und die Firmenorganisation zunächst relativ klein gehalten werden könnte – Kleines Syndikat aus nur zwei bis drei Investoren.

Exitoptionen:

IPO im Falle des Aufbaus multipler Partnerschaften möglich – Evtl. Trade Sale an größeres Plattformtechnologieunternehmen oder Pharmaunternehmen (bei reduziertem Upside).

Alternative 2: Produktentwicklungskonzept

- Neben der Kernkompetenz der Antigenidentifizierung weitere Fokussierung der Krebstherapie AG auf die eigene präklinische und klinische Entwicklung einer Immuntherapie bis hin zum Proof of Concept in einer definierten Krebsindikation und Aufbau der dazu erforderlichen weiteren Kernkompetenz im Unternehmen.

- Möglichst schnelle Entwicklung eines Produkts in einer Nischenindikation (zur Minimierung des Kapitalbedarfs) bei gleichzeitiger Sicherung der IP.

Tab. 1:

SWOT-Analyse der Alternative 1:	
Strengths	**Weaknesses**
• Gute Umsetzbarkeit mit vorhandenen Kompetenzen im Management • Vergleichsweise geringerer Kapitalbedarf mit entsprechend niedrigerer Abhängigkeit von Finanzmärkten	• Hohe Abhängigkeit von Lizenzierungspartnern • Klinischer Proof of Concept müsste von Partnern erbracht werden • Erste Deals voraussichtlich mit geringem Volumen • Eingeschränkte Exitfähigkeit des Unternehmens • Eingeschränktes Upside selbst im Erfolgsfall
Opportunities	**Threats**
• Bei geeigneter Wahl des Lizenzierungspartners hervorragende Synergie / Komplementarität der Kompetenzen • Etablierung als absoluter Technologieführer im entsprechenden Bereich möglich	• Verfehlung des Proof of Concepts durch Fehler des Partners ohne Einfluss der Krebstherapie AG könnte zu vollständigem Scheitern führen • Zeitverlust durch aufwändige Partnersuche könnte zu hohem Kapitalbedarf führen

Notizen:

_____ _____ _____

_____ _____ _____

_____ _____ _____

_____ _____ _____

_____ _____ _____

_____ _____ _____

- Outsourcing von Bereichen, die nicht zur unmittelbaren Kernkompetenz gehören, z.B. Produktion, um die Komplexität zu reduzieren.

- Nachfolgender Aufbau einer Pipeline mit Produktkandidaten, die bei erfolgreichem Proof of Concept des ersten Produkts sehr attraktiv auslizenziert werden könnten.

- Durch die eigene klinische Entwicklung sehr großer Kapitalbedarf und relativ späte Rückflüsse, allerdings auch sehr hohes Umsatz- und Exitpotenzial.

Managementstruktur:

Wissenschaftliche Gründer – Erweiterung durch Kompetenzen in den Bereichen prä-

klinische und klinische Entwicklung, Arzneimittelzulassung, Business Development, Finanzen

Finanzierungsstruktur:

Sehr große gesamte Finanzierung (30 - 50 Mio. Euro) bis zu einem möglichen Exit erforderlich, da keine frühen Einnahmen erzielbar wären – Syndikat aus einer größeren Anzahl von Investoren mit gleichgerichteten Interessen, um den substantiellen Kapitalbedarf auch aus dem Kreis der existierenden Investoren sicherzustellen.

Exitoptionen:

IPO bei klinischem Proof of Concept – Trade Sale an größeres Pharmaunternehmen, das seine Produktpipeline verstärken möchte (bei sehr hohem Upside)

Die Entscheidung fiel schließlich klar zugunsten der Alternative 2. Ausschlaggebend waren die folgenden Punkte:

Tab. 2:

SWOT-Analyse der Alternative 2:	
Strengths	**Weaknesses**
• Aufbau eines hohen Grades an operativer Unabhängigkeit des Unternehmens • Klinischer Proof of Concept kann durch Krebstherapie AG selbst gesteuert und erreicht werden • Alle Exitoptionen möglich (IPO, Trade Sale) • Maximierung des Wertpotenzials	• Verlassen des eigentlichen Kompetenzbereichs der Gründer • Signifikante Erweiterung des Managements vor allem hinsichtlich klinischer Entwicklung und Zulassungsexpertise erforderlich • Sehr großer und im Zeitverlauf noch zunehmender Kapitalbedarf • Tragen des vollen Produktentwicklungsrisikos
Opportunities	**Threats**
• Im Erfolgsfall sehr hohe Wertschöpfung möglich • Aufbau einer integrierten forschenden biopharmazeutischen Firma • Späterer Aufbau des eigenen Marketing und Vertriebs möglich	• Aufbau weiterer Kernkompetenzen durch Rekrutierung erfahrenen Managements könnte misslingen • Spätere Finanzierungsrunden könnten scheitern

Notizen:

1. Eine erfolgreiche Auslizenzierung von Produktkandidaten schien ohne klaren klinischen Proof of Concept nicht ausreichend wahrscheinlich. Es hätte die Gefahr eines signifikanten Zeitverlusts im Prozess der Auslizenzierung bestanden und eines potenziellen späteren Zwangs, den klinischen Proof of Concept doch letztendlich selbst zu erbringen.

2. Das potenzielle Upside und die Skalierbarkeit der Alternative 2 erschien wesentlich größer bei gleichzeitiger Verbesserung der Exitoptionen.

3. Das Investmentrisiko schien trotz des größeren gesamten Kapitalbedarfs durch die Formierung eines größeren Syndikats und mittels einer milestoneabhängigen Finanzierung in mehreren Tranchen beherrschbar.

4. Gründer und Management unterstützten die notwendige Verbreiterung der Managementbasis und -kompetenz.

5. Auf Seiten des Leadinvestors VC GmbH und eines weiteren Investors waren entsprechende präklinische und klinische Produktentwicklungskompetenz, Zulassungsexpertise und unternehmerische Erfahrung vorhanden. Dieses Know-how konnte dem Management über einen ausgewogen zusammengestellten Aufsichtsrat zugänglich gemacht werden.

4) UMSETZUNG UND ERGEBNIS

Zunächst war zwischen Gründern, Management und Investoren Einigung über das grundsätzliche Businesskonzept zu erzielen. Dies gelang vor allem dadurch, dass das Management der Krebstherapie durch die VC GmbH mit einer ganzen Reihe von erfahrenen Managern aus der Pharmaindustrie in Kontakt gebracht wurde. Diese vertraten einhellig und überzeugend die Auffassung, dass ein vollständig personalisiertes Behandlungskonzept zwar hinsichtlich der klinischen Wirksamkeit aussichtsreich, aber sowohl zulassungstechnisch als auch wirtschaftlich nicht umsetzbar wäre. Gleichzeitig erhielt das Management das eindeutige Feedback, dass eine Auslizenzierung von Produktkandidaten derzeit aus Sicht der Pharmaindustrie erst nach dem Vorliegen von ersten klinischen Daten möglich wäre.

Nach der Klärung der Frage des Businessmodells wurde gemeinsam eine adäquate Planung der Management- und Organisationsstruktur entwickelt. Dabei war von entscheidender Bedeutung, dass durch die VC GmbH sehr frühzeitig der Kontakt zu zwei sehr erfolgreichen Gründern von etablierten europäischen Biotechunternehmen hergestellt worden war, die beide für eine Mitarbeit im Aufsichtsrat gewonnen werden konnten. Durch diese neutrale Beratung gelang immer wieder die Überbrückung von Meinungsverschiedenheiten zwischen Gründern und Investoren (denen in der Verhandlungssituation vor einem Investment nahezu zwangsläufig ein gewisses Eigeninteresse unterstellt wird). Beispielsweise wurde auf die

Notizen:

Empfehlung der erfahrenen neutralen Biotechunternehmer nach einer nur sehr kurzen, kontrovers geführten Diskussion der sofortige Beginn des Rekrutierungsprozesses für einen Chief Financial Officer beschlossen.

Der Aufsichtsrat, der in gemeinsamem Einvernehmen implementiert wurde, umfasste neben den beiden erfahrenen Biotechunternehmern als Vertreter der Gründer den Professor für Immunologie, zwei Vertreter der Investoren (wobei beide klinisch erfahrene Mediziner waren, einer davon mit seniorer Produktentwicklungserfahrung aus der Onkologie und Immunologie, der andere mit kaufmännischer Zusatzqualifikation) sowie einen Zulassungsexperten aus dem Netzwerk der VC GmbH, der über seine bloße Aufsichtsratstätigkeit hinaus später als Zulassungsberater zur Verfügung stehen sollte.

Aufgrund der hohen pharmazeutischen Produktentwicklungsexpertise, die auf Seiten der Geldgeber und deren Netzwerk vorhanden war, konnten im Verlauf der Vertragsverhandlungen sinnvolle, wertschaffende Milestones vereinbart werden, die die Auszahlung der verschiedenen Finanzierungstranchen triggern und somit den Investoren einen gewissen Schutz vor einer völligen Fehlentwicklung gewähren sollten. Die vereinbarten Meilensteine bestanden im wesentlichen aus organisatorischen Meilensteinen (z.B. Einstellung eines CFOs und eines klinischen Entwicklungsexperten als Chief Medical Officer), aus Produktentwicklungszielsetzungen und aus Patentmeilensteinen. Da solche vertraglich vereinbarten Milestones eine sehr starke Lenkungsfunktion entfalten, wurde ein Mechanismus zur Modifizierung der Milestones für den Fall einer notwendigen späteren Korrektur der Strategie des Unternehmens vereinbart.

Bei der Zusammensetzung des Syndikats wurde von Seiten des Lead Investors VC GmbH stark darauf geachtet, dass alle Parteien gleichgerichtete Interessen vertraten und zunächst ein im Verhältnis zu einem potenziellen Gesamtinvestment in die Krebstherapie AG kleines initiales Commitment abgaben. Gleichzeitig wurden alle interessierten Investoren in der Finanzierungsrunde berücksichtigt. Dies führte dazu, dass bereits im ersten Closing ein nahezu doppelt so großer Betrag eingesammelt werden konnte im Vergleich zu dem Betrag, der ursprünglich als mindestens erforderlich angesehen worden war. Bei einem weiteren Closing, das nach erfolgreichem Erreichen des ersten Milestones stattfand, investierten mehrere existierende Investoren dann trotz einer höheren Bewertung überproportional. Insgesamt wurde in der Erstrundenfinanzierung letztlich die mehr als dreifache Summe dessen investiert, was initial als Mindestinvestment angesehen worden war.

Notizen:

_____

_____

_____

_____

_____

5) FAZIT

In den ersten beiden Jahren nach Erstfinanzierung entwickelte sich die Gesellschaft nahezu planmäßig. Die organisatorischen, Patent- und Produktentwicklungsmilestones konnten unter enger Kontrolle und sehr aktiver Mitwirkung des Aufsichtsrats erreicht oder sogar übererfüllt werden. In einem Fall war allerdings die nachträgliche Korrektur eines Milestones erforderlich – bemerkenswerterweise hinsichtlich einer Zielsetzung, die nicht völlig dem in Alternative 2 dargestellten Konzept entsprach. Aufgrund der bereits zum Finanzierungszeitpunkt vorhandenen Infrastruktur war nämlich eingangs auch geplant worden, die Herstellung der Immuntherapeutika weitgehend inhouse durchzuführen. Als alle Beteiligten erkannten, dass dies zu einer drastischen Erhöhung der Komplexität und zur Defokussierung von der eigentlichen Produktentwicklung führte, ohne dass dem ausreichende Vorteile gegenüberstanden, wurde die Eigenproduktion aufgegeben.

Aus nachträglicher Sicht zeigt sich die gewählte Lösung als richtig. Allerdings war der Prozess, zu dieser Lösung zu gelangen, durchaus zeitaufwändig.

Im geschilderten Fall waren alle Parteien gezwungen, an einer Optimierung des Businessmodells und der Planung hart und intensiv zu arbeiten, da sonst überhaupt keine Finanzierung zu Stande gekommen wäre.

In einem anderen Marktumfeld wäre möglicherweise eine Finanzierung des Unternehmens zu einem wesentlich früheren Zeitpunkt und auf Basis einer weit weniger ausgereiften Planung gekommen, was sich nach Ansicht des Verfassers sicherlich negativ auf den Unternehmenserfolg ausgewirkt hätte.

»Bad times create good companies« – diese Aussage ist insofern richtig, als in einem schlechten Marktumfeld Konzepte wesentlich stärker durchdacht werden müssen, bevor eine Finanzierung möglich ist, was sich im nachhinein oft in einer deutlich besseren Performance ausdrückt.

In »guten Zeiten« ist dagegen wesentlich mehr Disziplin erforderlich, um mit einem Businesskonzept auch wirklich erst dann zu starten, wenn die Planung ausgereift ist.

Notizen:

6) FRAGEN UND AUFGABEN

Verständnisfragen

1. Warum entschieden sich die Gründer zunächst für ein vollständig personalisiertes Therapiekonzept? Worin bestand der erwartete Warehouse Effekt?

2. Wie begründen sich die Unterschiede in Bezug auf Kapitalbedarf und Upside zwischen Alternativen 1 und 2?

3. Warum sind die Exitoptionen bei Alternative 1 gegenüber Alternative 2 eingeschränkt?

4. Warum wurde die Diskussion über die Einstellung eines CFOs zunächst kontrovers geführt, aber dann klar zugunsten dieser Position entschieden?

5. Weswegen ist bei Vereinbarung von milestoneabhängiger Finanzierung ein Mechanismus zur nachträglichen Modifikation wünschenswert?

Transferfragen

1. Warum barg die Annahme eines vermeintlich geringen Kapitalbedarfs des personalisierten Therapiekonzepts ein sehr hohes Risiko?

2. Warum ist die Einbeziehung von Gründern und investorenunabhängigen Experten für die Entwicklung eines erfolgreichen Business Modells wichtig?

3. Worin bestehen potenzielle Interessenskonflikte zwischen wissenschaftlichen Gründern und Investoren?

4. Aus welchen Gründen ist eine Syndizierung von Investments im Biotech-Bereich sinnvoll?

5. Welche Interessenskonflikte und Gefahren bestehen bei der Auslizenzierung eines pharmazeutischen Produktkandidaten von einem kleinen Biotechunternehmen an ein großes Pharmaunternehmen aus Sicht des Lizenzgebers?

Notizen:

_____

_____

_____

_____

_____

Notizen:

Notizen:

Notizen:

Notizen:

Notizen:

Notizen:

IMPRESSUM

© cometis AG

Unter den Eichen 7
65195 Wiesbaden
Germany

Alle Rechte vorbehalten.

1. Auflage 2006

Idee:

Michael Diegelmann

Konzeption:

Prof. Dr. Stefan Jugel
Michael Diegelmann
Ulrich Wiehle
Henryk Deter

Herausgeber:

Wiesbadener Private Equity Institut

Autoren:

Dr. Peter Laib
Britta Lindhorst
Stefan Lemper
Konstantin von Falkenhausen
Frank Motte
Dr. Joachim Dietrich
Sascha Rangoonwala
Dr. Friedrich E. F. Hey
Dr. Bernd Kreuter
Uwe Fleischhauer
Tammo Andersch
Axel Wernicke
Kai Schänzer
Michael Mollenhauer
Dr. Rainer Strohmenger

Cover-Design:

cometis AG

Projektleitung:

Prof. Dr. Stefan Jugel

Verantwortlich:

cometis AG
Unter den Eichen 7
65195 Wiesbaden

Tel.: 0611 / 205855-0
Fax: 0611 / 205855-66

E-Mail: info@cometis.de

www.cometis.de

www.cometis-publishing.de

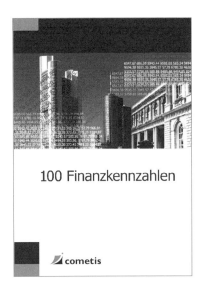

100 Finanzkennzahlen

U. Wiehle, M. Diegelmann, H. Deter,
Dr. P. N. Schömig, M. Rolf

ISBN 3-938694-02-5

Umfang: 144 Seiten
Format: DIN A6
Verkaufspreis: € 14,90

100 entscheidende Kennzahlen der Jahresabschlussanalyse werden verständlich und nachvollziehbar erläutert nach dem Prinzip:

- Formel
- Rechenbeispiel
- Prägnante Erläuterung
- Vor- und Nachteile

Eine Seite – Eine Kennzahl!

Unternehmensbewertung

U. Wiehle, M. Diegelmann, H. Deter,
Dr. P. N. Schömig, M. Rolf

ISBN 3-9809461-1-8

Umfang: 96 Seiten
Format: DIN A6
Verkaufspreis: € 14,90

Eine kompakte Darstellung der gängigsten Unternehmensbewertungsverfahren in übersichtlicher Form:

- Formel
- Rechenbeispiel
- Prägnante Erläuterung
- Vor- und Nachteile
- Wichtige Kennzahlen der Unternehmensbewertung

Eine Doppelseite – Ein Verfahren!

Praxis-Leitfaden Corporate Finance

G. Stahl, U. Wiehle, M. Diegelmann,
H. Deter

ISBN 3-9809461-4-2

Umfang: 128 Seiten
Format: DIN A6
Verkaufspreis: € 14,90

Ein praxisrelevantes Nachschlagewerk für Unternehmenstransaktionen:

- M&A-Transaktionen
- Leveraged Buyouts
- Eigen- und Fremdkapitalfinanzierung
- Mezzanine-Finanzierung
- Unternehmensbewertung
- Due Diligence
- Unternehmenskommunikation

Eine Seite – Ein Thema!